L'ORACLE DE LA SORCIÈRE

RÉCLAMEZ VOTRE HÉRITAGE

FLAVIA KATE PETERS
BARBARA MEIKLEJOHN-FREE

Illustré par Mira Nurdianti

Éditions **CONTRE-DIRES**
19, rue Saint-Séverin
75005 Paris

Titre original : *Oracle of the Witch – Reclaim your Bithright*

Publié pour la première fois en anglais par Rockpool Publishing
rockpoolpublishing.com
PO Box 252
Summer Hill
NSW 2130
Australia

Traduit de l'anglais par Laure Delamare

ISBN : 978-2-84933-746-2

Imprimé en Chine

www.editions-tredaniel.com
info@guytredaniel.fr
www.facebook.com/editions.tredaniel

Sommaire

INTRODUCTION

Salut à vous et bienvenue, chercheur du culte ! Ce n'est pas par hasard que vous avez été attiré par *L'Oracle de la Sorcière*, car depuis que vous vous êtes engagé sur la voie de la sorcellerie ancestrale, vous cherchez la vérité sur votre héritage et sur votre lignée. Vous avez toujours eu envie d'interroger un sage, mais jusqu'à présent, vous n'avez pas obtenu de réponses.

L'Oracle de la Sorcière vous invite à vous souvenir et à réveiller votre savoir intérieur et la magie des anciennes traditions. Les anciens veillent sur vous et vous protègent depuis votre naissance : peut-être sentez-vous une présence autour de vous depuis l'enfance, ou avez-vous remarqué une créature encapuchonnée dans votre vision périphérique ? Êtes-vous passionné par les oracles, les tarots ? Aimez-vous lancer des sorts, des envoûtements et pratiquer la divination ? Vous sentez-vous appelé par les anciennes écoles de mystères, leurs doctrines et leurs philosophies ? Êtes-vous attiré par la sagesse des enseignements de l'Oracle ?

Si vous répondez par l'affirmative à toutes ces questions, il est temps de demander de l'aide à *L'Oracle de la Sorcière*.

C'est le moment de découvrir pourquoi vous devez absolument connaître l'histoire du mythe sacré de l'Oracle et celle de ses descendants directs, c'est-à-dire les sages et les véritables sorcières du culte. Ces sorcières ancestrales sont là pour vous aider à découvrir les traditions des anciens à travers ce coffret.

QUI ÉTAIT L'ORACLE?

L'Oracle, l'une des premières-nées, constituait le lien divin entre la terre et le ciel. Elle a été enfantée par les anges déchus ou veilleurs descendus sur Terre. Toutes ces entités lumineuses lui ont accordé la connaissance de la sorcellerie, des sortilèges, des arts de la magie et des secrets célestes. Les dons des veilleurs ont ensuite été transmis à toute la lignée des prophétesses qui sont devenues les interprètes des dieux. Les sorcières ancestrales, qui sont les descendantes directes de la première Oracle, ont été initiées à l'art ésotérique par les veilleurs.

Remontons à l'époque où une sorcière, une femme sage, était honorée et révérée, et découvrons les origines de *L'Oracle de la Sorcière*. Dans les temps anciens, on affluait de toute l'Europe dans un temple grec pour entendre l'Oracle, celle qui sait. Elle partageait sa philosophie et influençait ceux qui sollicitaient sa sagesse et son savoir.

Le mot « oracle » vient du verbe latin *orare*, qui signifie prier ou implorer. Les oracles ou prophétesses étaient les devineresses, les chamanes, les voyantes et les médiums de leur temps ; leur travail était respecté et elles appartenaient pleinement à la communauté. Grâce à leurs dons naturels et à des vapeurs aux effets anesthésiques qui sourdaient à la base du temple, provoquant un état de transe, elles communiquaient avec les dieux et l'esprit des morts. Toutes les prophétesses n'utilisaient pas les émanations venues des failles terrestres et des ruisseaux ; parfois, elles se servaient aussi de substances hallucinogènes.

La nuit précédant sa consultation avec l'Oracle, l'aspirant spirituel dormait dans un temple d'incubation pour libérer ses rêves et ses visions. Le lendemain, l'Oracle interprétait ses songes et ses révélations oniriques et répondait à ses questions personnelles. Une fois le lien établi avec les dieux et avec la prophétesse dans le sanctuaire sacré, le consultant repartait, entier et complet, prêt à affronter de nouveau le monde. Dans les temps anciens, consulter une prophétesse constituait un mode de vie et témoignait d'une profonde déférence envers les divinités ancestrales et l'Oracle. On considérait que ceux qui s'y refusaient transgressaient les lois de la nature et s'opposaient aux dieux qui gouvernaient le destin de l'humanité.

Bien qu'il existât des centaines de prophétesses et de temples d'incubation dans ces terres antiques, le sanctuaire oraculaire le plus célèbre était celui de Delphes, où officiait la Pythie, la médium par laquelle s'exprimait le dieu Apollon. Elle était, à la fois sur le plan religieux et civil, la femme la plus importante de la société grecque de l'époque et la seule à avoir accès au temple. Jamais ses paroles n'étaient contestées. Les premières mentions de la Pythie apparaissent dans un hymne homérique du VIe siècle avant Jésus-Christ, qui évoque sa sagesse.

Réaffirmez vos droits à vos origines

Au cours des siècles passés, les sorcières ancestrales, les gardiennes du savoir ont été ostracisées à cause de leurs dons et de leur pouvoir et, à mesure que la notion de péché a étendu son misérable règne, leur mystère a été oublié, abandonné. Au lieu de les respecter, on les a considérées comme des êtres maléfiques et leurs précieux enseignements ont dû s'échanger dans la clandestinité. Toutefois, de nombreuses sorcières ont défié la mort et la répression pour préserver et défendre discrètement leurs doctrines contre tous ceux qui cherchaient à nier leur droit de naissance. Aujourd'hui, les origines de tous ceux qui nous ont apporté ces enseignements sont désormais validées et il est possible enfin de réécrire l'histoire. Vous êtes un descendant de l'Oracle ; votre devoir sacré est de sauvegarder l'ancien culte et de transmettre cette sagesse divine aux autres.

Aujourd'hui, dans nos sociétés prétendument modernes, l'humanité croit avoir évolué vers une plus grande connaissance ; rien n'est plus éloigné de la vérité. Nous vivons un temps de grand oubli, car l'histoire millénaire a été falsifiée et tous les souvenirs sacrés de notre identité et de nos origines ont été effacés de notre mémoire collective. En tant que sorcières de l'ancienne Oracle, nous avons le devoir impérieux de prolonger notre lignée, et rien ni personne ne pourra nous arrêter. Si vous faites le vide dans votre esprit, vous entendrez la voix antique de l'Oracle qui vous appelle à travers l'espace et le temps, vous invitant à poursuivre leur travail céleste. Il vous suffit d'invoquer leur présence et leur aide à travers des incantations sacrées, des chants et des prières.

Toutes celles appelées à porter le nom de « sorcière » dans cette immense tâche ont la responsabilité de perpétuer la flamme sacrée pour éclairer le chemin des autres. En consacrant votre vie à l'apprentissage des traditions ancestrales et en revendiquant votre magie, vous associerez une maîtrise totale et l'épanouissement de vos dons naturels. Il est temps de devenir une véritable prophétesse en écoutant votre sorcière intérieure. Il est temps de vous émanciper, de vous éveiller et de vous rappeler que vous êtes issue de la lignée sacrée des premières sorcières qui ont marché sur cette terre. Vous êtes la gardienne de la sagesse cachée de *L'Oracle de la Sorcière* ; vous ne serez plus réprimée, vous ne cacherez plus l'immense cadeau que vous ont fait les veilleurs et vous ne vous tairez plus.

Imaginez que vous vous trouvez sur le seuil du temple de Delphes. Vous vous apprêtez à consulter la Pythie, l'Oracle. Vous attendez ce moment depuis une éternité ; vous avez jeûné, pris votre bain rituel et vous vous êtes oint d'huiles saintes en vue de cette rencontre divine. Vous avez donné vos offrandes aux dieux et vous avez libéré votre esprit de toutes pensées et de toutes émotions, vous voilà prêt pour cet instant sacré.

Alors que vous patientez à l'entrée du temple, les prêtres vous invitent à avancer devant l'Oracle. Vous faites un pas et aussitôt des hommes et des femmes sages forment un cercle autour de vous, ce sont les premiers initiés du décret divin. La Pythie vous murmure les mots suivants :

« En toi dort un trésor caché, la sagesse de l'Oracle. Si tu te connais toi-même et si tu reconnais ta mission, tu accéderas à l'Univers et aux dieux. »

Au moment où ces nobles paroles coulent de la bouche de la prophétesse, vous avez l'impression d'être libéré d'un sortilège qui vous a séparé de votre véritable savoir et de votre mission d'âme. Tandis que le voile de l'amnésie se soulève de vos épaules, vous vous retournez et vous découvrez les sorcières ancestrales qui vous guident et veillent sur vous depuis toujours. Vous sentez leur force et leur sagesse et vous comprenez que vous êtes en sécurité. En visualisant cette scène à l'aide de votre intuition et de votre imagination, vous comprenez que vous avez retrouvé votre véritable potentiel de sorcière du culte et que vous avez libéré les souvenirs enfouis du temps jadis.

Soyez béni.

Lorsque vous faites appel à cet oracle, vous invoquez une ancienne divinité qui a arpenté cette planète à l'heure de son ensemencement, il y a des millions d'années. Elle attend que vous repreniez le pouvoir, que vous retrouviez votre place et que vous compreniez que vous êtes déjà venu ici. Le voile se déchire ; puissent les rayons de lune vous guider dans l'inconnu, car vous avez déjà fait votre choix. Il ne vous reste plus qu'à commencer. Les sorcières ancestrales vous attendent, car ce sont elles qui vont partager avec vous ce que vous cherchez. Voici leur héritage…

Ainsi soit fait…

Invocation à l'Oracle

Au plus profond de ton passé, s'épanche de tes veines
Le sang des sorcières, que les veilleurs ont consacré.
Samyaza est venu sur terre depuis les cieux
Enseigner l'enchantement, les arts magiques et l'amour sacré.
Au divin Féminin sacré aux longs cheveux flottants
Dont la rose s'éveille, libérée et consciente
De sa naissance dans les cendres anciennes, elle est réapparue
Comme l'Oracle de la Sorcière, elle n'est plus engloutie.
En partageant la sagesse cachée, la connaissance,
le grand œuvre révélé
À son sabbat de sorcières qui était autrefois caché.
Par les mensonges de ceux qui vivaient dans la peur
Du pouvoir des sorcières, né par elle et vénéré.
Par la magie de ces cartes, tu réveilleras
La sorcière en toi qui attendait,
Et qui ne sera jamais esseulée.
Lève-toi, réclame ce qui te revient de plein droit,
Tu es un·e sorcier·ère de l'Oracle ; c'est ta prescience divine.
Par la puissance de trois fois trois,
Ainsi soit fait. Voilà, c'est fait.

Sur le fronton du temple d'Apollon à Delphes était gravée l'inscription suivante : « Connais-toi toi-même. » Ces mots, pleins de sagesse, constituaient l'enseignement sur lequel reposaient toutes les doctrines philosophiques qui sont encore aujourd'hui la pierre angulaire de l'art antique de la sorcellerie qui nous a été offert par les dieux.

Nous aimerions vous remercier d'avoir choisi *L'Oracle de la Sorcière* pour vous guider dans votre vie de tous les jours. Ce coffret se compose d'un livre et de cartes dotées d'un puissant message susceptible de vous aider. C'est à la fois un outil pédagogique et une guidance magique. Laissez les paroles des sorcières ancestrales de l'Oracle s'adresser à vous de leur lointain passé. Laissez la magie opérer en préparant le chemin qui vous ramènera à l'Oracle des temps anciens.

Prenez plaisir à travailler avec ces cartes. Amusez-vous, explorez-les et découvrez votre oracle intérieur et la sorcière qui sommeille en vous. Les anciens savaient qu'approcher l'Oracle signifiait honorer et accueillir le pouvoir du surnaturel. C'est à vous désormais de devenir la prophétesse. Les sorcières d'antan vous attendent, avec leur sagesse millénaire, leurs conseils et leurs outils initiatiques. Il ne vous reste plus qu'à brasser les cartes.

Soyez béni.

Flavia et Barbara

COMMENT TIRER LES CARTES

Avant toute chose, vous devez créer chez vous un espace sacralisé consacré à votre art, un endroit sûr, protégé et surveillé par vos gardiens, les dieux et les déesses où vous pourrez pratiquer la méditation, les sortilèges et les rituels. L'état de votre sanctuaire affecte votre connexion magique, mais aussi vos pensées, vos émotions et votre comportement, alors assurez-vous qu'il est propre et purifié. C'est votre refuge sacré et un portail qui relie les mondes parallèles.

Pour préparer les lieux et votre autel, suivez cette procédure :

- Rangez l'endroit ou la pièce dans laquelle vous allez travailler et éliminez toutes les nuisances qui pourraient générer une énergie négative. Si possible, veillez à ne conserver dans cet espace que vos affaires personnelles.
- Purifiez l'endroit par un nettoyage rituel ou une fumigation d'armoise, de sauge, d'encens ou d'herbes de votre choix.

- Avant de tirer les cartes, offrez-vous un bain d'eau salée pour rétablir votre équilibre spirituel, mental et émotionnel. Vous pouvez aussi prendre une douche parfumée aux huiles essentielles ou utiliser de la sauge, de l'armoise ou d'autres herbes aromatiques pour purifier votre champ énergétique.
- Chargez et consacrez vos cartes en les exposant à la lumière d'une pleine lune ou d'une nouvelle lune. Vous pouvez les déposer sur un rebord de fenêtre ou les enfermer dans une boîte que vous placerez dans la nature. Vous pouvez aussi les charger avec une intention ou utiliser de la sauge ou d'autres herbes.
- Veillez à ne pas être interrompue pendant la séance. Éteignez votre téléphone et prévenez les autres que vous avez besoin d'un moment pour vous. Accrochez une pancarte « Ne pas déranger » à la poignée de votre porte ou enfermez-vous.
- Créer un autel pour vos cartes, avec une plateforme surélevée, un morceau de tissu ou une table. Nettoyez, purifiez de nouveau l'espace, allumez des bougies, brûlez de l'encens et déposez des cristaux tout autour.
- Placez les cartes, face visible, sur l'autel et regardez-les une par une, pour les apprivoiser et leur insuffler votre énergie en vous concentrant sur les images et ce qu'elles

vous évoquent. Familiarisez-vous avec les symboles, les couleurs et le style de l'artiste.

- Posez vos intentions et assurez-vous de ne pas être dérangé, car cet espace est purement dédié à vos rituels, à votre méditation et à votre relaxation.
- Demandez conseil à vos guides spirituels, vos gardiens, vos veilleurs, aux dieux et aux divinités ou à votre sagesse intérieure pour formuler vos questions.
- Pour commencer le tirage, tapotez sur vos cartes pour les réveiller, puis mélangez-les.
- Asseyez-vous, cartes en main, et connectez-vous à l'énergie qui s'en dégage. Fermez les yeux et imaginez que vous êtes devant l'Oracle, que vous l'interrogez, elle ou son conseil de sorcières.
- Mélangez de nouveau les cartes : si l'une d'elles « s'échappe » du paquet, vous avez votre réponse, et si deux cartes « sautent », la réponse est plus exhaustive. Préférez les questions ouvertes. Vous pouvez placer le paquet sur la table et choisir la première carte de la pile ou les étaler et en choisir une. Faites comme vous le sentez et assurez-vous que vous avez confiance en vous, en vos guides et en vos cartes.

Même s'il est important de suivre cette procédure, il n'est pas nécessaire de la mettre en œuvre chaque fois que vous souhaitez tirer une carte. Faites toujours ce qui vous convient le mieux.

En apprenant à connaître vos cartes, vous constaterez qu'elles vous permettent d'en apprendre davantage sur vous et sur votre mode de fonctionnement. Ce qu'il y a de merveilleux avec les oracles, c'est qu'il n'y a pas de bonne ou de mauvaise façon de travailler avec eux. Vous pouvez créer vos tirages et en imaginer de nouveaux. En tirant les cartes, vous pouvez avoir l'impression que les réponses obtenues n'ont aucun sens. Notez les différentes informations que vous avez recueillies dans un journal et réexaminez-les un peu plus tard. Il arrive qu'on obtienne un message incompréhensible au premier abord et que ce qui est à venir soit révélé ultérieurement.

L'important est de bien formuler sa question, car la qualité de la réponse dépend de votre concentration et de votre intention, et elle doit vous laisser un sentiment d'optimisme et de liberté. Votre lecture sera d'autant plus puissante que vous aurez pris un temps d'introspection avant de poser votre question.

Une fois que vous aurez achevé votre lecture, remerciez l'Oracle, le conseil des sorcières, vos divinités de prédilection, les dieux et les gardiens en disant une invocation. Rangez vos cartes à l'abri sur votre autel, dans une boîte spéciale ou un petit sac en velours. Déposez un cristal sur le dessus pour les protéger.

TIRAGE À UNE CARTE :
L'ORACLE PARLE

Le tirage à une carte est idéal pour une pratique quotidienne et pour vous aider à faire le point sur votre vie de tous les jours. Une fois que vous serez familiarisé avec ce tirage, vous pourrez ajouter une deuxième carte pour obtenir davantage de précisions et de détails.

Mélangez les cartes à plusieurs reprises tout en demandant à l'Oracle de vous aider dans votre situation. Vous pouvez le faire à voix haute ou mentalement, mais soyez aussi précis et clair que possible dans votre requête. Votre question peut concerner vos relations, votre santé ou tout autre sujet qui vous préoccupe en ce moment. Tirez une carte au hasard ou attendez que l'une d'elles « saute » du paquet au moment où vous les mélangez. Trouvez la page qui correspond à cette carte dans ce livre ; vous y trouverez votre réponse et la formule magique qui vous permettra d'obtenir l'issue la plus favorable à votre demande.

Voici quelques exemples de questions à poser au cours d'un tirage à une ou deux cartes :

- Que dois-je savoir sur moi-même ?
- Que puis-je faire pour mieux prendre soin de moi aujourd'hui ?
- Comment puis-je progresser dans ma vie en ce moment ?
- De quoi ai-je le plus besoin en ce moment ?

- Qui peut m'aider dans ma situation ?
- Pourquoi ai-je l'impression d'être coincé dans ma vie, dans mon travail et dans mes relations ?
- Comment puis-je trouver le but de ma vie ?
- Comment puis-je mobiliser mon énergie dans la situation que j'affronte ?
- Qu'est-ce qui m'empêche d'atteindre mon objectif?
- Comment puis-je m'ouvrir à des opportunités infinies ?
- Qu'est-ce qui – ou qui – m'empêche d'exploiter mon potentiel ?
- Comment dois-je me concentrer sur mon art ?
- Qui, dans ma vie, me cause des problèmes ?

TIRAGE À DEUX CARTES : REPRÉSENTATIONS

Un tirage à deux cartes peut, par exemple, suivre cette méthode :

- Oui / non
- Passé / présent
- Blocage / solution
- Objectif / blocage
- Consultant / adversaire
- Situation / conseil
- Problème / solution
- Développement / stagnation
- Rester / partir
- Challenge / solution.

TIRAGE À TROIS CARTES :
LE TEMPLE SACRÉ

Mélangez le jeu en demandant à vos gardiens ou à vos guides spirituels de vous aider à obtenir une lecture précise. Demandez que la vérité vous soit révélée concernant la situation pour laquelle vous souhaitez des précisions. Une fois que vous vous sentirez prêt, cessez de mélangez les cartes et séparez le paquet en trois tas.

Déposez le premier en haut, sur la table ou sur le tissu : c'est le message que vous délivrent les dieux sur votre passé et le chemin parcouru.

Placez le deuxième tas au centre : il représente la prophétesse et ses paroles de sagesse pour le moment présent.

Placez la troisième pile en bas : elle décrit la pierre de fondation du temple et vous guide vers votre destinée en définissant vos limites.

Un tirage à trois cartes peut aussi, par exemple, se présenter ainsi :

- Passé/ présent/ futur
- Situation / action / résultat
- Mental / corps / esprit
- Force / faiblesse / conseil
- Opportunités / défis / résultat

- Moi / amitié / leçon
- Problème / leçon / conseil
- Accueillir / accepter / lâcher prise
- Situation/ obstacle / leçon.

TIRAGE À QUATRE CARTES : REPRÉSENTATIONS

Un tirage à quatre cartes peut suivre la méthode ci-dessous :

- Passé / présent/ futur/ conseil
- Positif/ négatif / résultat / conseil
- Défi / force/ faiblesse / conseil.

LE TIRAGE DU PENTAGRAMME : CONSEIL DES SORCIÈRES

Le pentagramme est l'une des plus anciennes sources de protection et également un portail d'accès à la magie ; les cinq éléments représentent la terre, l'air, le feu, l'eau et l'esprit. Tirez six cartes pour la lecture suivante :

Carte 1, le présent : cette carte décrit le consultant. Mélangez les cartes, face visible, choisissez celle qui vous représente le plus en ce moment et déposez-la au centre du tirage. Choisissez les cinq cartes restantes tout en les mélangeant, face cachée.

Carte 2, la terre : rester ancré. Cette carte indique les questions générales entourant votre situation et les raisons de la stagnation actuelle.

Carte 3, l'air : les vents de l'influence. Cette carte évoque l'ascendant qu'ont les autres sur vous : votre entourage a-t-il une influence positive ou vous tire-il vers le bas avec des messages négatifs ?

Carte 4, le feu : purificateur intérieur. Cette carte indique les conflits internes en jeu. Elle représente vos doutes personnels et les malentendus.

Carte 5, l'eau : l'intuition. Ici, vous découvrirez les leçons à retenir et comment vous pouvez vous adapter à votre situation pour répondre à vos besoins et à vos objectifs.

Carte 6, l'esprit : l'individu dans son entier. C'est ce à quoi mènent les autres cartes : l'aboutissement du voyage. Elle indique comment les problèmes vont se résoudre si vous poursuivez sur la voie actuelle.

L'ORACLE DE LA SORCIÈRE

LES CARTES

1. DIANE

SAGESSE

Au sein de ton temple sacré réside une profonde sagesse.
Éveille-toi et deviens celle qui sait.

CONSEIL DE SORCIÈRE

Sentez près de vous la présence de la déesse Diane : elle monte dans son char avec son arc et ses flèches, prête à tirer sur ceux qui voudraient vous blesser. Elle vous offre à la fois sa protection et son talent de chasseresse, et veille sur vous en ce moment. Vous avez sollicité l'aide et le soutien des dieux et elle a entendu votre appel, car elle sait que vous vous êtes parfois senti harcelé par ceux qui voudraient vous réduire au silence et vous empêcher de révéler votre sagesse et votre vérité. Elle invite ses familiers à vous accompagner ; ils vous assisteront et vous protégeront des gens qui vous considèrent comme une menace.

Votre sentiment d'insécurité vous a poussé à dissimuler vos dons naturels et votre qualité de gardien de la sagesse ; vous avez gardé le silence en esquivant les flèches et les insultes. Diane, qui est la déesse de la chasse et du monde sauvage, vous aidera à parer les coups et les piques qui vous ont pris au dépourvu. Laissez-la vous expliquer comment vous protéger et survivre à l'avenir. Grâce à son autorité de divinité lumineuse, elle vous initiera aux anciens mystères de la magie lunaire, en tissant la féerie des arts sacrés au plus profond de votre être. Diane, la déesse de la lune, vous invite à vous familiariser avec le calendrier lunaire et vous rappelle que, quelle que soit la phase dans laquelle vous vous trouvez, vous êtes toujours entier et complet, malgré l'opinion des autres. En bonne gardienne des chemins et des sentiers sacrés, elle se propose de vous guider loin des ténèbres, lorsque le désespoir vous saisit et que vous ne parvenez pas à accéder à la sagesse de votre âme.

Protectrice des anciennes sagesses et chercheuse de vérité, Diane vous incite maintenant à la suivre, elle et ses animaux sauvages, dans son bosquet sacré et à vous installer au cœur de la forêt pour donner naissance à des idées nouvelles et pour reconquérir votre connaissance intérieure. Chaque fois que l'incertitude vous submergera, elle sera près de vous lors d'un rituel d'hommage au milieu des arbres. Divinité des bois, elle gouverne les portails secrets de la forêt tout en établissant un pont entre votre Moi intérieur et les mondes naturels et spirituels. C'est dans ce lieu qu'elle éclairera le processus intérieur qui surgit lors des rituels pour vous préparer à recevoir sa sagesse et à réveiller la vôtre.

Côté lumière : la sagesse s'annonce par un croissant de lune. Vous avez un don pour communiquer avec les animaux. Si vous voulez obtenir la victoire, concentrez-vous sur votre objectif. Soyez précis, réactif et direct pour vous démarquer. La jeunesse et la beauté n'ont aucune importance.

Côté ombre : il va falloir courir vite, car vous êtes pourchassé. Observez la lune pour fuir l'obscurité. L'aboiement d'un chien n'est pas pire que sa morsure. Seule la sagesse permet de se protéger.

INCANTATION À DIANE

Diane la chasseresse, ô, déesse de la lune,
Que ta beauté et ta lumière brillent enfin sur moi.
Protection de la forêt, vérité de la terre,
La chasse est en quête de sagesse.
La magie de Diane est utilisée sans nuire à personne.
Ainsi soit fait ; voilà, c'est fait.

Sorcellerie

Diane, la déesse romaine de la chasse, gouverne les phases lunaires depuis son char pour réveiller les sorcières qui dorment dans l'astre de la nuit. Appelez-la et elle vous guidera dans la forêt obscure jusqu'à la lumière. Invoquez Diane dans une clairière paisible sous un croissant de lune. Enduisez d'huile d'olive une bougie blanche et une pierre de lune. Allumez la bougie, saisissez la pierre de lune et demandez à Diane sa sagesse ainsi que la protection de la forêt : « *Divine déesse Diane, je te demande de me bénir et de me protéger en cet instant où j'invoque ma divine lumière intérieure. Je reçois gracieusement ta sagesse tandis que je me dirige vers une aube nouvelle avec confiance et lucidité. Aide-moi à servir ; aide-moi à briller. Dans l'amour et dans l'honneur, ainsi soit fait.* »

2. HÉCATE

MONDE SOUTERRAIN

Éveillée, tu as récupéré les clefs qui
t'ouvriront les portes de ton destin.
Brille de mille feux.

CONSEIL DE SORCIÈRE

En marchant entre les mondes et en unissant les vivants et les morts, Hécate encourage les chuchotements éthérés, les ombres noires fugaces et les présences fantomatiques au cœur de la nuit que vous avez aperçues récemment. Elle vous demande de croire dans l'au-delà et elle vous invite à rejoindre avec elle le monde souterrain. Si vous êtes attiré par le spiritisme et que vous savez entrer en contact avec les esprits et avec les âmes qui ont rejoint son royaume, c'est à elle que vous le devez. C'est elle aussi qui vous engage à honorer les anciens qui ont marché sur cette planète avant vous. Reine de la sorcellerie, Hécate est la déesse des morts et elle détient un pouvoir souverain sur la terre et sur le ciel.

Hécate se tient entre la vie et la mort. Elle avance rapidement dans la nuit, cachée dans l'ombre, trouant l'obscurité de ses torches enflammées, tandis que vous passez d'un monde à l'autre avec elle. Déjà présente à votre naissance, elle reviendra le moment venu accompagner votre âme en partance. Mais pour l'instant, votre fascination pour l'au-delà et votre goût pour le spiritisme vous invitent à pratiquer un peu de nécromancie. Cette magie déconseillée aux âmes sensibles et craintives, qui consiste à ressusciter les morts, a longtemps été utilisée par certaines sorcières pour mieux comprendre le monde souterrain, prédire l'avenir, libérer des secrets emportés dans la tombe. Certaines histoires macabres racontent que les nécromanciens portent les costumes des morts, ou mangent des cadavres, au fond des ruines pour se connecter à leurs esprits et les ramener dans le monde des vivants. Manipuler la vie et la mort s'apparente à de la magie noire, alors si vous avez l'impression que Hécate vous invite à vous initier à cet art sombre, soyez prudent et faites appel à votre sagesse lorsque vous lui donnerez rendez-vous sur la passerelle entre les deux mondes. Car, dans son royaume, tout est toujours mouvant et l'issue est toujours définitive.

Côté lumière : vous êtes à un carrefour de votre vie, alors choisissez votre voie avec sagesse. La situation infernale que vous venez de traverser est un cadeau d'Hécate qui vous promet la mort et la résurrection. Utilisez vos compétences avec discernement et trouvez un équilibre entre la lumière et l'obscurité.

Côté ombre : vous empruntez une voie dangereuse, sans retour en arrière possible. Vous prenez des risques en privilégiant l'ombre à la lumière. Vous avez peut-être le pouvoir, mais êtes-vous en mesure de garder le contrôle ? Lorsqu'on pratique la médiumnité, la transe et la magie noire, il faut absolument se protéger.

INCANTATION À HÉCATE

Hécate, déesse et reine des enfers,
Les carrefours révèlent le visible et l'invisible.
Embrasse l'obscurité, aboie à la lune,
Invoque les esprits qui souhaitent communier.
La magie d'Hécate est utilisée sans nuire à personne.
Ainsi soit fait ; voilà, c'est fait.

SORCELLERIE

Invoquez Hécate pendant une phase de lune noire. Placez un chiffon noir sur le sol sur lequel vous déposerez quelques os, par exemple une carcasse de poulet. Posez une bougie noire à droite des ossements et une bougie blanche à gauche. Disposez une offrande de pain et de vin rouge devant les os et allumez les bougies. Tout en fixant les flammes, appelez Hécate en récitant l'incantation ci-dessus. Puis, éteignez les bougies et versez le vin sur le sol pour que Hécate le reçoive dans le monde souterrain.

3. ARADIA

MAGIE

La magie qui est en toi t'appelle à relever le défi ;
ne dissimule pas ta sorcellerie.

CONSEIL DE SORCIÈRE

En matière de haute magie, nous, les sorcières, nous pratiquons les anciens rites de la vieille sorcellerie, qui, dans sa diversité, prend en compte tous les aspects de la magie théâtrale, cérémonielle et rituelle. Nous travaillons aussi avec la magie naturelle fondée sur la sagesse populaire à l'aide de bougies, d'herbes et d'outils de divination qui nous aident dans nos sorts et dans nos travaux. Accéder aux royaumes invisibles – et les comprendre – constitue une démarche mystique pour toutes celles qui, comme vous, sont dotées d'une âme de sorcière. Car vous êtes exposé à un grand nombre de préjugés, mêlant pêle-mêle cultes sataniques, covens sectaires et autres visions maléfiques. Tant de gens sont effectivement prêts à vous exclure à cause de vos croyances, à mentir dans le seul but de vous faire douter et à recourir au cynisme pour dénier vos perceptions extrasensorielles.

Dans l'Antiquité, Aradia enseignait la pratique secrète de la sorcellerie afin de défier les ennemis de cet art et d'apprendre aux femmes comment s'affirmer et revendiquer leur pouvoir. Cependant, ne la prenez pas pour votre sauveur ; vous devez croire en votre talent de sorcière afin de poser sur le monde un regard magique. La magie coule dans vos veines et cette carte vous enjoint de l'appréhender, de l'accepter et de vous en servir pour réaliser vos désirs, pour guérir et pour atteindre votre indépendance. Il est temps de libérer votre sorcière intérieure et de réclamer votre place légitime au sein du culte des sages en tant que véritable magicienne.

Côté lumière : en revendiquant votre statut de sorcière, vous améliorerez votre énergie. Cela vous permettra de renforcer vos pouvoirs naturels, d'apporter la guérison, l'équilibre et la magie dans votre vie et à votre entourage. Ayez confiance dans vos capacités et dans les pouvoirs ancestraux qui accompagnent votre nouvelle vie.

Côté ombre : s'adonner à la magie à des fins égoïstes, malveillantes ou nuisibles se retournera inévitablement contre vous. Méfiez-vous de ce que vous souhaitez ; le jeu n'en vaut pas la chandelle !

INCANTATION POUR ARADIA

Déesse de la sorcellerie, de la liberté occulte
Dont la mission sur terre était de libérer les sorcières,
Je suis aux côtés d'Aradia, c'est mon heure de gloire,
La magie est puissante lorsque je revendique mon pouvoir.
La magie d'Aradia est utilisée sans nuire à personne.
Ainsi soit fait ; voilà, c'est fait.

SORCELLERIE

La magie blanche est une pratique bienveillante, répondant à une éthique qui permet de guérir et de faire du bien à autrui.

La magie noire est une pratique sombre employée à des fins personnelles et égoïstes. Elle peut être utilisée pour nuire, détruire et même provoquer la mort.

La magie grise est une pratique qui consiste à travailler avec une force neutre, en utilisant à la fois la magie noire et la magie blanche, mais sans qu'aucune des deux ne prenne le dessus sur l'autre.

4. L'ORACLE

CONNAISSANCE

Ne laisse pas ton aveuglement t'empêcher d'accéder à la connaissance secrète ; ouvre les yeux maintenant.

CONSEIL DE SORCIÈRE

Pendant des millénaires, nous avons observé, regardé et appris de l'une des plus puissantes maîtresses de tous les temps : la Pythie. C'est elle qui a veillé sur vous, qui vous a guidé à travers les tempêtes de la vie, qui vous a aidé à distinguer les mystères cachés, qui vous a révélé la vérité et éloigné du mensonge. Elle vous exhorte à ôter les œillères que vous portez depuis votre naissance, à ouvrir les yeux et à revendiquer votre véritable potentiel sur le plan terrestre. Nous qui vous parlons sommes les sorcières de l'Oracle ; nous avons vu tant d'êtres forcés d'abandonner leur pouvoir personnel à ceux qui voulaient nous priver de notre héritage de sagesse ancestrale. Depuis votre venue au monde, vous appartenez à la première lignée ensemencée par le savoir des dieux, un legs qui a d'abord été accordé aux sorcières de l'Oracle, les sages descendus sur Terre.

Le temps est venu de prendre votre place légitime de prophétesse, celle qui connaît la volonté des dieux à l'image de la première Oracle des sorcières ancestrales. Cette carte vous donne l'opportunité de devenir enfin le gardien de la connaissance, d'accéder à l'ensemble de la psyché humaine et de communiquer avec les dieux. C'est une grande responsabilité qui ne doit pas être prise à la légère, car une fois que vous franchirez le seuil du temple de la Pythie, enivré de miel, il n'y aura pas de retour en arrière possible. La nymphe Melissa vous accompagnera dans votre initiation aux enseignements sacrés de l'Oracle. En prévision de ce qui doit advenir, vous serez dépouillé de tout ce que vous savez ou de tout ce que vous avez appris dans cette vie. Vous resterez peut-être aveugle un certain temps, mais lorsqu'on ôtera le bandeau de vos yeux, vous verrez le monde sous un jour nouveau. Et vous serez libre et sage lorsque vous prendrez la place qui vous revient aux côtés de l'Oracle, celle qui sait.

Côté lumière : grâce aux études approfondies que vous avez menées, vous avez pu enrichir vos connaissances. Il est temps de devenir l'Oracle et de partager vos conseils clairvoyants et votre sagesse.

Côté ombre : le savoir peut se révéler dangereux s'il n'est pas soutenu par la sagesse. L'Oracle vous tend une épée à double tranchant et vous pose cette question : ferez-vous confiance à vos propres connaissances ou suivrez-vous les préceptes de quelqu'un d'autre ?

INCANTATION À L'ORACLE

Étudie, lis, absorbe chaque mot :
Esprit ouvert, sens en émoi.
Ancienne vérité à appréhender,
Plonge dedans pour transcender.
La magie de l'Oracle est utilisée sans nuire à personne.
Ainsi soit fait ; voilà, c'est fait.

SORCELLERIE

La première messagère des dieux s'appelait la Pythie. C'était la prêtresse du temple de Delphes qui était dédié au dieu grec du soleil, Apollon. Lorsque la Pythie était en transe, elle était consultée par des rois, des généraux et des chercheurs de vérité qui sollicitaient auprès d'elle des prophéties, des connaissances et des conseils.

5. La Sage-Femme

Naissance

Cherche le renouveau : il est maintenant temps que les souvenirs primordiaux émergent et renaissent à la vie.

Conseil de sorcière

Nous, les sorcières, nous sentons instinctivement la présence d'un nouveau-né et nous traçons souvent des cercles rituels autour des berceaux et lors des baptêmes, car nous sommes chargées d'accompagner les naissances et nous présidons aux mystères et aux cycles féminins. Une sorcière qui, dans une salle d'accouchement, apaise le chaos et diffuse la lumière pour dissiper les ténèbres est parfaitement à sa place, car les sorcières sont des spécialistes des rites de fertilité. Elles savent non seulement mettre au monde un enfant, mais aussi utiliser les herbes et les fleurs pour créer de puissants sortilèges, protéger une maison, concocter des remèdes pour réchauffer le chaudron intime des femmes et inviter une nouvelle âme à croître dans cette matrice.

Au cours des siècles, les femmes qui cherchaient à concevoir ou à avorter demandaient l'aide d'une sage-femme-sorcière, car c'est la sage-femme qui nourrit l'énergie incessante d'une nouvelle vie quand la transformation s'annonce, un peu comme la fée marraine qui prodigue des dons au nouveau-né par l'acte magique de la transcendance. Cependant, elle amène son lot de leçons et vous dévoile des vérités difficiles à entendre. Elle vous demande de lâcher prise afin de découvrir de nouvelles libertés et de nouvelles pratiques magiques.

Si vous voulez comprendre les cycles régénérateurs de la nature qui président à votre renaissance, vous devez entrer dans le chaudron. Il est temps d'utiliser le feu de la transformation issu de votre matrice, pour accoucher de votre Féminin sacré qui vous permettra de croître et d'accueillir le changement et le renouveau. Votre voyage dans les ténèbres s'achève, la métamorphose à laquelle aspire votre âme est en train d'éclore. En effet, c'est parce que vous avez longtemps rêvé d'évoluer spirituellement et de mener une vie authentique que vous entamez ce processus d'éveil qui vous aide à déchirer le voile de l'illusion. Comme vous avez abandonné beaucoup de choses ces derniers temps, préparez-vous à remplacer les chimères du passé par une sagesse bien plus ancestrale et par la magie qui vous appelle.

Votre sage-femme intérieure est une lumière dans la nuit qui vous indique le chemin de la transformation spirituelle. Elle vous offre le réconfort et vous aide à franchir le canal de naissance pour accueillir le réveil de votre âme et la promesse d'une nouvelle vie.

Côté lumière : cette carte indique des nouveaux projets, un changement de métier, une nouvelle vie. C'est le moment de fonder une famille ou de mettre tout en œuvre pour faire évoluer votre situation, dans l'honneur, la vérité et l'intégrité. Voilà la promesse de la sage-femme. C'est une période fertile.

Côté ombre : le passé vous enchaîne et vous empêche de vivre de nouvelles expériences. Libérez-vous des vieilles relations et des liens familiaux compliqués. Votre vie quotidienne est bousculée ; comprenez votre cycle et déstressez. Utilisez des cocktails de plantes pour accroître la fertilité.

INCANTATION À LA SAGE-FEMME

Lève-toi maintenant du tombeau stérile
Comme les fruits fertiles remuent le ventre vierge.
À travers l'obscurité, brille une nouvelle lumière,
Un espoir de naissance pour semer le rêve.
La magie de la sage-femme est utilisée sans nuire à personne.
Ainsi soit fait ; voilà, c'est fait.

SORCELLERIE

Les rituels de fertilité et les rites marquant le passage de la jeune fille à la femme étaient une pratique courante chez nos ancêtres sorcières. Les sages-femmes se soutenaient les unes les autres et se considéraient comme les déesses du Graal, qui représentait un chaudron et symbolisait l'utérus et son pouvoir de création, tandis que le chaudron incarnait le ventre de la déesse et l'abîme obscur, avant la conception, d'où émerge la vie. Le chaudron renferme à la fois toutes les forces primitives et tous les ingrédients qui président à la création. Lorsqu'on les mélange, on obtient une potion magique. L'utérus que vous portez est un vortex énergétique qui a le pouvoir de créer une nouvelle vie.

6. LE JARDIN AROMATIQUE

MÉDICINAL

Dans mon jardin, certaines graines poussent dans des endroits que, paraît-il, vous n'avez jamais foulés.

CONSEIL DE SORCIÈRE

Aucun jardinier dans le monde ne comprend et n'aime la nature autant qu'une sorcière, car l'art de la sorcière verte s'enracine dans des traditions ancestrales et dans des rituels dont les origines remontent à plusieurs siècles. Au fil du temps, les sorcières ont appris l'usage des plantes hallucinogènes pour entrer en contact avec les esprits et pratiquer le voyage astral, et ainsi apprendre la botanique utile à leurs rituels de guérison et à leur pratique magique.

Il est temps de vous salir les mains, de creuser la terre et d'exhumer vos affinités avec la flore. Semez, plantez, entretenez votre jardinet, mais surtout sortez des sentiers battus et écoutez les messages de sagesse que vous délivre le monde végétal. Chaque espèce possède ses propres propriétés régénératrices et son pouvoir de guérison, et vous en tirerez une mine d'informations. Il est inutile pour cela de courir la campagne, car vous trouverez dans votre propre jardin d'herbes aromatiques de quoi concocter des remèdes pour soigner les maux du quotidien et des ingrédients pour vos recettes magiques. Laissez le pouvoir médicinal des plantes restaurer votre lien à la Terre-Mère et, à mesure que la magie fleurira dans votre jardin, vous nouerez une nouvelle alliance avec la magie curative du monde naturel.

Côté lumière : vous entretenez un rapport étroit avec la nature et cette carte vous invite à retrouver vos dons de sorcière verte et d'herboriste. Travaillez avec des herbes pour soigner les maux du quotidien et pour créer des sortilèges tout en vous alignant au pouvoir de la nature, dans l'équilibre et l'harmonie.

Côté ombre : la nature vous appelle à explorer vos racines terriennes et à guérir. Passez du temps en plein air et libérez-vous de tous les maux de l'esprit et du corps en vous ouvrant aux puissantes propriétés médicinales de la nature.

INCANTATION AU JARDIN AROMATIQUE

Jardins secrets aux pouvoirs médicinaux,
Magie cachée dans les plantes, les herbes et les fleurs.
Soins magiques pour soulager,
De l'apaisement de la peau à la guérison des maladies,
La magie des plantes est utilisée sans nuire à personne.
Ainsi soit fait ; voilà, c'est fait.

SORCELLERIE

Si vous n'avez pas la place de cultiver un jardin, faites pousser quelques herbes magiques sur un rebord de fenêtre. Choisissez-les pour les sortilèges, la guérison et les charmes parmi ce qui suit :

ROMARIN : pour la protection psychique et la paix de l'esprit et pour éviter les cauchemars.

SAUGE : pour le nettoyage énergétique et la purification.

THYM : pour avoir du courage, de la force et positiver.

BASILIC : pour la joie, l'amour, la paix et l'argent.

MENTHE : pour le bannissement.

ARMOISE : elle vibre à la même fréquence que la lune. Ajouter de l'armoise à une tasse de thé est sans danger et cela imprégnera votre organisme de magie lunaire.

7. LE SORTILÈGE

MANIFESTATION

Ne faites plus qu'un avec votre pouvoir personnel, avec la magie et avec votre intention.

CONSEIL DE SORCIÈRE

Quand la foudre crépite alentour, les puissances suprêmes se manifestent à leur paroxysme, en réveillant pleinement vos capacités de lanceur de sorts. Oh, quelle joie de détenir le pouvoir de création au bout de ses mains ! Si vous rêvez de pouvoir déclencher un orage d'un seul claquement de vos doigts manucurés, d'influencer et de prendre le contrôle total d'une situation, de concrétiser instantanément vos souhaits, il est évident qu'une sorcière sommeille en vous.

D'un simple abracadabra, vous avez le pouvoir, en vous unissant aux forces mystiques et aux cycles de la nature, de créer et de réaliser vos rêves. Seuls vos peurs, vos doutes et vos angoisses vous empêchent de libérer vos dons de sorcière naturelle.

Levez les yeux vers la lune, car elle reflète vos sentiments, et concrétisez vos rêves à mesure que sa douce énergie mystique s'empare de vous, mêlant sa magie à votre intention. Plus vous apprendrez à gérer cette source invisible appelée énergie, plus vous accéderez au renouveau et aux changements grâce à cet acte magique de transcendance. Assumez, avec détermination, votre omnipotence de sorcière et honorez les sages qui ont marché sur Terre avant vous, en revendiquant vos pouvoirs de manifestation magique ensorcelante ; c'est à votre portée !

Côté lumière : vos dons de manifestation sont à leur apogée en ce moment, alors posez une intention positive en visualisant vos rêves ou entreprenez une action magique pour obtenir rapidement de vrais résultats.

Côté ombre : faites attention à ce que vous souhaitez, car les problèmes, les doutes, les angoisses et le pessimisme peuvent facilement se manifester concrètement. Sachez clairement ce que vous voulez et rappelez-vous que toutes vos actions peuvent vous revenir en boomerang.

Incantation au sortilège

Bras ouverts, décroche la lune,
Les vœux se réaliseront bientôt.
D'une intention pure, le sort est maintenant jeté,
Avec une action magique, viendront les résultats.
La magie de l'ensorcellement est utilisée sans nuire à personne.
Ainsi soit fait ; voilà, c'est fait.

Sorcellerie

Voici les neuf étapes d'un ensorcellement :

1. Purifiez et nettoyez votre espace sacré avec de la sauge ou de l'encens.
2. Tracez un cercle avec du sel.
3. Placez vos instruments et vos bougies à chaque point cardinal à l'intérieur du cercle.
4. Suivez le contour du cercle avec l'index de votre main.
5. Convoquez les quatre points cardinaux, les esprits et les gardiens.
6. Invoquez les divinités avec lesquelles vous collaborez.
7. Posez une intention.
8. Lancez le sort.
9. Fermez le cercle.

8. LA GRANDE PRÊTRESSE

INTERMÉDIAIRE

Éveille l'inconnu et la sagesse intérieure du Féminin sacré.

CONSEIL DE SORCIÈRE

En échappant au patriarcat, vous vous libérerez de vos engagements passés envers les systèmes hiérarchiques, les modes obsolètes et tout ce qui vous empêche de revendiquer votre véritable divinité. Cette carte exprime votre véritable pouvoir et votre envie de servir, et elle vous appelle à vous lever et à avancer sur la voie du Féminin sacré. Profitez d'un moment de calme pour vous ouvrir à votre déesse intérieure, en prenant conscience de vos peurs ou de vos blocages, et en éliminant les obstacles et vos pensées limitantes pour devenir enfin une prêtresse radieuse qui déchire !

Ayez confiance et cherchez en vous votre pouvoir intérieur à travers les énergies magnétiques et l'incarnation de la déesse, car c'est là qu'elle réside véritablement. Elle ne vous a jamais quitté et vous la trouverez à l'endroit où grandit la magie. Elle vous enjoint d'entamer le profond travail spirituel qui guérit et qui émancipe tous les individus. Accueillez son intuition, son expression, sa douceur, sa réceptivité et sa sagesse empreintes de mystère pour mieux revendiquer vos pouvoirs féminins si vous êtes une sorcière – ou un sorcier – et devenez enfin une personne enthousiaste, épanouie et joyeuse. Faites silence et écoutez la voix aimante de la grande prêtresse qui résonne dans votre âme, car c'est elle qui vous accorde le titre de visionnaire et d'oracle, elle qui, par sa présence, insuffle la sagesse dans le monde.

Montrez l'exemple et comportez-vous comme une grande prêtresse qui assume, avec respect et déférence, toutes les conséquences de ses actes. Levez-vous et devenez la voix de la déesse, ce vaisseau divin adoré, afin d'aider, d'inspirer et d'émanciper les autres en les servant, en créant un espace sacré, en organisant des rituels ou des cérémonies, par exemple. Prenez l'engagement de canaliser le véritable pouvoir de la déesse dans l'amour, la beauté, l'accomplissement et la dévotion, tout en adoptant des mesures sacrées afin de devenir à votre manière une grande prêtresse.

Côté lumière : votre dévouement à l'art vous appelle à vivre à l'image de la grande prêtresse tout en invitant la nature sacrée, la dignité et le pouvoir de la déesse dans le sanctuaire de votre cœur.

Côté ombre : rechercher le pouvoir pour le pouvoir ne suffira pas. Si vous êtes membre d'un coven ou si vous travaillez seul, considérez-vous comme une grande prêtresse et veillez à la respecter dans toutes vos pratiques. C'est beaucoup plus prudent pour vous.

INCANTATION À LA GRANDE PRÊTRESSE

Potentiel de prêtresse, force magique ;
Intermédiaire de puissance, relié à la source.
Oh, pour réveiller la déesse intérieure,
Embrassez les dons profonds du Féminin sacré.
La magie de la Grande Prêtresse est utilisée sans nuire à personne.
Ainsi soit fait ; voilà, c'est fait.

Sorcellerie

Activez votre pouvoir de grande prêtresse en ouvrant simplement votre cœur, en suivant sa voie ou avec les rites d'initiation suivants :

Premier degré : pour parvenir à ce classement, un nouvel initié doit étudier, lire, prendre des cours et faire la démonstration de ses compétences de sorcière pendant un an et un jour.

Deuxième degré : l'initié assiste la grande prêtresse / le grand prêtre dans les rituels, les classes et l'enseignement.

Troisième degré : l'initiation complète de la déesse signifie acquérir un poste de haut rang et un titre de grande prêtresse.

9. Le Grand Prêtre

Autorité

Méfie-toi de ceux qui voudraient revendiquer leur supériorité sur le plan moral : dis non !

Conseil de sorcière

Un immense pouvoir confère une grande responsabilité. Nos ancêtres qui occupaient la position puissante et influente de grand prêtre étaient les gardiens de la connaissance sacrée, car ils avaient gagné leur titre grâce à l'étude, à leur dévotion, et surtout en découvrant la vérité sur les savoirs interdits et les secrets de la magie ancestrale. Ils exerçaient une emprise sur les foules qui les respectaient et les révéraient en tant que gardiens de l'art. Le grand prêtre représente les énergies masculines divines du dieu cornu choisi par la grande prêtresse pour l'accompagner comme chef rituel lors d'un coven. Ensemble, ils symbolisent respectivement le dieu et la déesse.

Si vous cherchez à obtenir une position simplement par amour du pouvoir, vous n'avez rien d'un véritable leader ; en revanche, si vous pratiquez avec dévotion et que vous avez une profonde croyance dans l'art, vous serez tenu en haute estime. En montrant l'exemple par une excellente connaissance de vous-même, une solide estime personnelle, le respect pour autrui, la maturité et le service envers les autres, vous irez de l'avant, vous découvrirez ce que signifie régner en maître. En tant que grand prêtre de l'art, vous avez la responsabilité de guider les autres avec autorité. Ne laissez pas les personnes d'un rang inférieur décider de la manière de procéder, en particulier si elles refusent d'agir de manière contraire à l'éthique.

Lorsqu'on a fait de longues études et travaillé dur pour obtenir un statut, il y a toujours quelqu'un qui veut nous faire chuter de la citadelle sacrée qu'on a bâtie. Si vous êtes en désaccord avec une figure hiérarchique avec laquelle vous avez des rapports houleux et que vous vous sentez menacé par son autorité, il est temps de prendre position, quoi qu'en disent les personnes influentes. Vous ne devez jamais vous excuser de vous être élevé contre quelqu'un qui ne règne pas en maître ; vous êtes venu sur Terre pour que cela cesse. En tant que grand prêtre du culte, vous devez absolument reprendre ce qui vous revient de droit. Il est temps de vous insurger et de revendiquer votre souveraineté !

Côté lumière : votre mental de guerrier vous permet de détecter les personnes malhonnêtes et vous avez le don pour repérer les gens de mauvaise foi. Vous ne supportez pas d'être infantilisé par ceux qui exercent un pouvoir. Vous êtes un leader né ; il est temps d'affirmer votre autorité.

Côté ombre : gérez votre situation avec plus de poigne, car soit quelqu'un essaie de vous influencer, soit un homme important a de l'emprise sur vous. Fuyez tous les individus qui ne servent pas vos intérêts supérieurs, car il est temps de reconquérir votre autorité intérieure.

INCANTATION AU GRAND PRÊTRE

L'honneur, c'est ce que je représente,
Je régnerai sur ma terre,
L'autorité gouverne tout,
Je m'emparerai de mon droit de prêtre et de roi !
La magie du Grand Prêtre est utilisée sans nuire à personne.
Ainsi soit fait ; voilà, c'est fait.

SORCELLERIE

La position de grand prêtre se gagne grâce à la pratique et à la formation, par des études poussées et par l'accomplissement des rites d'initiation suivants :

PREMIER DEGRÉ : les nouveaux initiés doivent apprendre et étudier pendant un an et un jour avant d'acquérir leur premier degré.

DEUXIÈME DEGRÉ : les initiés aident à enseigner les principes fondamentaux de la magie et des rituels aux nouveaux membres et aux adeptes du premier degré d'un coven. Ils peuvent aussi participer à la mise en œuvre des rites et des cérémonies.

TROISIÈME DEGRÉ : l'initiation complète signifie acquérir un poste de haut rang et le titre de grand prêtre.

10. L'ESPRIT FAMILIER

ASSISTANCE

À travers les ténèbres, je te regarde intensément pour que tu sentes à quel point mon énergie veut t'assister. Appelle-moi ; je viendrai.

CONSEIL DE SORCIÈRE

Dans l'imaginaire collectif, les sorcières chevauchent leurs balais, à la nuit tombée, accompagnées par un chat noir et des vieilles femmes à verrue jettent des sorts sous l'œil d'un crapaud pustuleux. Ces guides diaboliques, connus sous le nom de « familiers », prennent généralement la forme d'animaux ou parfois d'entités magiques venues du royaume des fées. Nous, les sorcières, nous choisissons de séduisantes créatures surnaturelles pour nous aider à pratiquer notre magie ancestrale. Le familier nous dispense ses conseils, nous accompagne dans nos voyages astraux ou dans la cueillette des herbes, des plantes et autres ingrédients, tandis que nous mélangeons les différentes énergies mystiques pour corser la sauce ! Ainsi, nous savons envoyer des corbeaux espionner à notre place ou nous transformer en souris pour mieux nous cacher.

Si vous souhaitez partager votre amour de la sorcellerie et améliorer votre pouvoir personnel, vous avez l'embarras du choix : de nombreuses créatures font des assistants parfaits. En premier lieu, pensez à votre animal domestique. Comment vous êtes-vous rencontrés ? Les familiers surgissent souvent de façon inopinée, mais ils peuvent aussi entrer dans notre vie de manière tout à fait singulière et quand on s'y attend le moins. Vous reconnaîtrez immédiatement votre familier grâce à la confiance et au lien évident et durable qui vous unissent. En l'invitant à collaborer avec vous, physiquement ou par l'esprit, vous constaterez que votre pouvoir magique a augmenté et que vos sorts sont plus efficaces.

Côté lumière : le lien avec un animal domestique est de l'ordre télépathique et dépasse largement les limites du temps et de l'espace. Admettez cette vérité et faites en sorte que votre familier devienne votre assistant magique et votre guide.

Côté ombre : mettez votre fierté dans votre poche et sollicitez de l'aide, car vous n'avez qu'à demander et vous obtiendrez. Un animal domestique décédé se réincarnera en nouveau familier et compagnon.

INCANTATION AUX ESPRITS FAMILIERS

Des corbeaux volants aux chats noirs sauvages,
Gobelins, araignées, serpents et rats,
Alliance formée, la confiance est la clé,
Une aide pour travailler comme par magie.
La magie de l'esprit familier est utilisée sans nuire à personne.
Ainsi soit fait ; voilà, c'est fait.

SORCELLERIE

Les familiers, qui sont les serviteurs zélés des sorcières, peuvent aider à l'exécution de nombreux sorts et rituels, déterrer les secrets d'autrui ou entreprendre n'importe quel travail de sorcellerie. Chaque type de familier possède sa propre énergie et sa propre magie naturelle à laquelle la sorcière peut faire appel, par exemple :

LE CHAT NOIR : farouche indépendance ; il est associé au mystère, à la magie et à la lune.

LE CORBEAU : hauteur de vue, tricherie, alchimie ; informateur et espion, il n'a pas son pareil pour déterrer les secrets des autres.

LE LIÈVRE : associé à la magie de la lune.

LE CHIEN DE CHASSE : protecteur loyal, associé à l'au-delà.

LA FÉE : idéale pour la magie des illusions et pour les enchantements.

LE GOBELIN : magie non verbale axée sur les blagues et les mauvais tours.

LA CORNEILLE : visions et prophétie ; ses plumes conjurent la malveillance.

LE SERPENT : amulettes de fertilité, guérison et renaissance.

L'ARAIGNÉE : fils de la vie et collaboration idéale pour l'argent, la chance et les sorts de déplacement.

LE CRAPAUD : transformation, destinée et chance ; la peau du crapaud est utilisée pour éloigner, bannir et se débarrasser des verrues.

11. Les Cristaux

Amplification

Je te regarde intensément pour que tu sentes à quel point mon énergie veut t'assister. Appelle-moi ; je viendrai.

Conseil de sorcière

Depuis la nuit des temps, les sorcières révèrent le monde brillant des cristaux qu'elles considèrent comme des trésors de la terre et qu'elles utilisent, entre autres, pour guérir. Nous, les sorcières, nous travaillons avec le pouvoir des cristaux pour stimuler, favoriser la guérison, augmenter la puissance des sorts et des rituels, car ces minéraux sont des outils magiques qui recèlent toute la sagesse et la connaissance des anciens. Imprégnées de propriétés cosmiques, ces pierres précieuses aux formes variées – pierres roulées, pointes et bâtons – vous aident à vous connecter à votre Moi intérieur et facilitent la méditation et le processus naturel d'auto-guérison. De même, les boules de cristal que l'on utilise pour la voyance et la divination renforcent le don de double vue et donnent accès aux royaumes magiques. En tant que sorcière, vous savez que la nature est vivante, que tous les êtres sont animés par l'Esprit. C'est cette même force vitale, couplée à l'énergie piézo-électrique naturelle des cristaux, que nous exploitons pour amplifier la puissance de notre travail magique.

Ces représentants du monde minéral appartiennent spirituellement au royaume des éléments qui abrite les esprits guérisseurs et protecteurs de notre planète. Vous n'êtes pas obligé de faire cavalier seul, aussi solitaire que vous puissiez l'être, car les cristaux rêvent de collaborer avec vous pour vous aider à accroître votre puissance. Que vous les utilisiez de manière professionnelle ou simplement pour votre propre bénéfice, les cristaux sont de puissants amplificateurs qui permettent de magnifier vos rituels de magie et de guérison.

Côté lumière: les sorcières ont pour tradition de porter des cristaux en guise d'amulette de protection et de guérison. Attachez-les à une chaîne pour en faire un collier ou glissez-en dans vos poches et même dans votre soutien-gorge. Vous pouvez travailler avec des cristaux pour vous arracher à un rêve ou le favoriser, et pour servir de pont entre les deux mondes lors de vos voyages.

Côté ombre : en cas d'insomnie, de cauchemars et de crises de panique, vous pouvez programmer un cristal tel que la tourmaline noire, l'hématite, l'obsidienne noire ou le quartz fumé pour vous protéger.

INCANTATION AUX CRISTAUX

Pour amplifier, nous devrions nous unir.
Les cristaux brillent, renforçant la lumière.
Utilisés dans la guérison, le rituel, le sort,
Merveilleux amplificateurs de puissance.
La magie du cristal est utilisée sans nuire à personne.
Ainsi soit fait ; voilà, c'est fait.

SORCELLERIE

Les cristaux regorgent d'énergies de guérison et on peut les aligner à une intention personnelle. Pour aider les sorcières dans leur pratique magique, il existe différents types et formes de cristaux :

ROULÉES : pierres brutes ou polies à l'état naturel.

GRAPPES : elles transforment l'énergie négative en énergie positive.

SPHÈRES : elles émettent un cercle constant d'énergie et élèvent le taux vibratoire d'une pièce.

BÂTONS : l'énergie se concentre dans la pointe ; ils font d'excellents outils de guérison.

PYRAMIDES : elles sont utilisées pour diriger l'énergie vers le haut.

TRANCHES : aide idéale pour la méditation, pour augmenter le taux vibratoire d'une pièce ou pour la guérison physique.

POINTES : utilisées pour les dispositions de guérison ; quand elles sont dirigées vers le corps, l'énergie est canalisée vers l'intérieur et quand elles sont orientées vers l'extérieur, l'énergie du corps ou de l'aura est évacuée ; excellentes pour construire des grilles de cristaux pour la guérison, le nettoyage et la protection.

12. LA HAGSTONE

PROTECTION

Bannis ceux qui te veulent du mal en te tenant fermement au cœur d'un cercle de protection.

CONSEIL DE SORCIÈRE

Quand les forces du mal se rassemblent et que la situation s'envenime, une sorcière doit absolument faire appel à une protection magique. Au cours des siècles, dès que les sorcières utilisaient leur pouvoir et jetaient des sorts, elles subissaient l'hostilité, la vindicte et la bonne vieille jalousie.

Chaque fois que vous lancez un sortilège ou que vous faites un peu de sorcellerie, vous devez vous protéger. En réalité, il est conseillé d'y penser tous les jours, que vous pratiquiez la magie consciemment ou pas, car, sans protection, vous risquez de subir une attaque psychique dans votre champ énergétique. Les paroles blessantes, les pensées toxiques ou tout acte malveillant dirigé contre vous sont de nature à vous vider de votre énergie vitale, et c'est lorsque votre pouvoir personnel s'affaiblit que les doutes et les peurs s'insinuent dans votre esprit. En portant une hagstone en pendentif autour du cou en guise d'amulette, vous retrouverez la résistance et le courage nécessaires pour affronter et bannir vos ennemis. Regardez par le trou naturel de la pierre et vous aurez un aperçu instantané des royaumes magiques. Vous êtes protégé en ce moment.

Côté lumière : une hagstone porte-bonheur se présentera à vous ; portez-la aussitôt pour vous protéger du mauvais œil, des malédictions, des maladies, des cauchemars et de la jalousie. Attachez-en une à tout ce qui a besoin d'être protégé, y compris vous-même, ou regroupez-en plusieurs pour régénérer votre énergie et renforcer vos compétences en matière de guérison.

Côté ombre : « les coups de poignard dans le dos » se produisent au niveau du corps éthérique. Chaque fois que vous éprouvez cette sensation, sachez qu'une force énergétique négative a été dirigée contre vous. Pensez à vous protéger en ce moment contre les paroles et les pensées toxiques.

Incantation aux hagstones

Pouvoir protecteur venu de la pierre magique,
Je défends mes choix puisque je suis seul.
Maintenant hors de danger, protection en place,
Le travail magique est désormais sûr.
La magie de la hagstone est utilisée sans nuire à personne.
Ainsi soit fait ; voilà, c'est fait.

Sorcellerie

Porter une hagstone est signe de chance, car ce sont des pierres polyvalentes en matière de protection et de magie :

PROTECTION : portez une pierre trouée sur une chaîne ou sur un collier en guise d'amulette.

REMÈDES : on les dit capables de guérir toutes sortes de maux rien qu'en les touchant.

PIERRE À SERMENTS : gardez une hagstone avec vous pour obliger quelqu'un à dire la vérité.

PIERRE DE VIPÈRE : protège le porteur ou celui qui en détient une des morsures venimeuses de serpents.

SORTS D'AMOUR : les hagstones représentent la déesse sacrée yoni. Insérez deux brindilles, représentant des amoureux, dans le trou et jetez la pierre dans la mer.

FERTILITÉ : placez une pierre sous votre matelas ou attachez-en une à la tête de lit.

PEUPLE DES FÉES : quand vous êtes en pleine nature, regardez d'un œil par le trou pour voir le peuple des fées ou pour attacher un elfe à votre service.

EAU : comme le trou a été percé par la force de l'eau, l'influence magique de cet élément est retenue dans la pierre.

13. LA MAGIE DES BOUGIES

INTENTION

Allume en toi la bougie de l'intention et embrase ton âme.

CONSEIL DE SORCIÈRE

Il est temps d'illuminer votre monde intérieur et d'embrasser le pouvoir de la flamme, car les bougies, qui revêtent une importance particulière pour les sorcières dont elles éclairent le chemin, ont toujours joué un rôle sacré dans les cérémonies, les initiations et les rituels. Nous, les sorcières, nous faisons appel à l'énergie protectrice et transformatrice du feu pour invoquer la sexualité, la passion, l'attraction et l'amour, et c'est parce que nous savons que les flammes se voient depuis l'au-delà que nous honorons les morts en allumant des bougies.

Allumer une bougie tout en posant, par exemple, une intention de guérison ou de concrétisation d'un vœu améliorera votre pouvoir de manifestation et l'efficacité de vos sorts.

Toutefois, n'oubliez pas de conserver une attitude positive quand vous participez à une expérience de sorcellerie, car c'est ainsi que naît la véritable magie. Ne doutez jamais de vos capacités de concentration, de volonté et de visualisation, et rappelez-vous que tout n'est que magie et illusion. Le caractère sacré de la magie des bougies vous accompagne depuis le jour où vous avez soufflé votre première bougie d'anniversaire en faisant un vœu ; avec ce geste, vous participiez déjà à un rituel visant à faire de vos rêves une réalité ! Gravez vos intentions dans la cire de la bougie avec une aiguille et enduisez-la d'huiles sacrées pour purifier son énergie. Éteignez la mèche ou laissez la bougie se consumer pendant que vous scellez le sort. En ce moment, il est essentiel que vous gardiez confiance en vous et en vos outils lorsque vous exécutez un rituel de magie des bougies.

Côté lumière : mettez des bougies dans votre vie pour raviver la flamme de la passion, pour vous aider à faire briller votre lumière avec force et vitalité et pour vous réapproprier votre pouvoir magique. Disposez des bougies autour de votre baignoire et dans votre chambre et lors des cérémonies sacrées.

Côté ombre : pour vous aider à éliminer les pensées et les attitudes négatives, travaillez avec l'élément feu en imaginant des flammes éthérées qui dévoreraient votre part obscure. Chassez et éliminez les doutes et les inquiétudes qui assombrissent vos perspectives grâce à des bougies.

INCANTATION À LA MAGIE DES BOUGIES

Le pouvoir de la magie vient de l'intérieur.
Allume la flamme, que le rituel commence.
Choisis la couleur selon ton objectif, les intentions sont posées,
Que la lumière soit au centre, le désir d'accueillir.
La magie des bougies est utilisée sans nuire à personne.
Ainsi soit fait ; voilà, c'est fait.

SORCELLERIE

En vous familiarisant avec la signification des couleurs des bougies, vous favoriserez votre travail de guérison et la qualité de vos sorts.

NOIR: élimination, bannissement, représailles, protection

BLEU: paix, harmonie, guérison des fièvres, retrouvailles amicales, bénédiction du foyer

MARRON: enracinement, stabilité, équilibre, connexion à la Terre-Mère

DORÉ: influence cosmique, divinités solaires, succès, richesse, influence

VERT: fertilité, chance, richesse, guérison

INDIGO: méditation, équilibre karmique, faire taire les ragots, projection astrale

MAGENTA: changement rapide, guérison spirituelle et exorcisme

ORANGE: communication, télépathie, carrière, adaptabilité, chance

ROSE: romantisme, affection, amour, unité

VIOLET: honneur, respect, sagesse

ROUGE: passion, courage, force, émotions intenses

ARGENT: magie lunaire, paix intérieure, sérénité

BLANC: purification, bénédictions, cosmos

JAUNE: intellect, inspiration, imagination, connaissance.

14. Le Sigil

Symboles

Éveille et transforme ta conscience avec le pouvoir et l'énergie des symboles magiques.

Conseil de sorcière

Les symboles mystérieux intégrés aux sorts, aux bougies et autres objets magiques indiquent une puissante sorcellerie. Toutes les sorcières le savent, tout acte de magie commence par la définition d'un objectif exprimé à travers une intention. C'est pour cette raison que, en tant que sorcière, vous devez assumer pleinement chacune de vos pensées et de vos paroles et agir, à chaque instant, en toute conscience, car la sorcellerie n'est pas simplement un ensemble de signes aléatoires et de marmonnements incohérents. Bien au contraire, les symboles magiques représentent une intention particulière, et ils ont la propriété d'ensemencer et de booster votre magie. C'est là que réside le pouvoir que vous recherchez. Il est temps d'approfondir votre art et d'en prendre le contrôle avec créativité. Un sigil, ou sceau, est une figure graphique toujours unique et personnelle qui représente symboliquement l'intention et l'objectif du pratiquant. Il permet d'améliorer l'efficacité et la rapidité de vos sorts. C'est à l'instant où vous concevez ce symbole tout en vous concentrant sur votre intention que surgit votre pouvoir et que vous projetez dans votre inconscient votre volonté de magicien sous forme visuelle. Pour activer le sigil, il suffit de le fixer et aussitôt vous accéderez à votre potentiel et à votre puissance magiques, alors soyez créatif: fabriquez des sceaux de sorcière, élégants ou ordinaires, et rappelez-vous que votre pouvoir naît au moment même où vous transformez votre intention en figure graphique.

Côté lumière: vous êtes prêt à monter en puissance grâce à la magie sigillaire. Créez et tracez des sigils de protection, d'amour, d'abondance, de pouvoir personnel ou autres. Collez ces symboles de puissance sur votre four, vos bouteilles d'eau, mettez-en chez vous, intégrez-les à vos sorts et vos rituels. Vous verrez rapidement des résultats tangibles.

Côté ombre: vous devez absolument faire des efforts pour maîtriser votre pouvoir personnel. Cessez de tirer profit du savoir-faire des autres, car leur magie ne vous appartient pas. Les signes sont partout autour de vous.

INCANTATION AUX SIGILS

Symboles magiques et glyphes représentent
Un objectif puissant, une intention créative.
Les sorts peuvent maintenant être jetés,
Donnant à toutes les sorcières le pouvoir de se lever et d'avancer.
La magie du sigil est utilisée sans nuire à personne.
Ainsi soit fait ; voilà, c'est fait.

SORCELLERIE

Pour créer un sigil, suivez ces différentes étapes :

- Écrivez votre intention.
- Écrivez toutes les lettres dans l'ordre mais sans les répéter.
- Assemblez les lettres restantes en un glyphe, en lui donnant l'apparence d'un symbole de puissance.
- Activez votre sigil en dessinant le symbole et fixez-le jusqu'à ce que la forme semble osciller ou bouger.
- Votre sigil est maintenant activé et prêt à servir, mais, une fois que vous l'avez utilisé, détruisez-le. Vous pouvez très facilement créer un nouveau sigil pour chaque intention ou objectif.

15. L'ARTISTE

CRÉATIVITÉ

Permets à ta vision et à ta créativité de s'éveiller et de s'épanouir pour créer un monde qui parle des anciennes traditions.

CONSEIL DE SORCIÈRE

Si vous voulez exploiter le savoir-faire des anciennes traditions, vous devez d'abord devenir créative, car c'est par l'inspiration magique et l'inventivité que les sorcières parviennent à transformer une chose en une autre. Il est temps pour vous de les imiter ! L'un des outils les plus puissants de la sorcière, c'est son esprit ; il faut en effet une imagination vive pour pouvoir travailler avec les puissances créatrices. Les sorcières entraînent leur mental grâce à la méditation créative qui leur permet de libérer leurs visions et d'utiliser leur imaginaire, les deux clefs d'une magie réussie. Avec cette carte, vous avez l'occasion de créer quelque chose de nouveau, de vous réinventer et de devenir une version plus authentique et valorisante de vous-même : passer de petite princesse toujours hyper-complaisante à grande prêtresse.

Seuls de nouveaux projets permettront à votre créativité de s'épanouir, alors alimentez-la par des activités de plein air pour trouver l'inspiration. Vous découvrirez que la nature vous offre les matières premières dont vous avez besoin pour fabriquer et pour créer. Ne passez pas à côté de ce morceau de bois flotté en forme de poignard ou de ces belles branches d'aubépine qui feraient de magnifiques baguettes. Ouvrez les yeux sur le potentiel créatif qui vous entoure. Nous, les sorcières, nous aimons bricoler ou utiliser tout ce qui nous tombe sous la main ; du balai à l'athamé, chacune d'entre nous doit trouver sa marque distinctive. Gravez délicatement des signes cabalistiques sur vos outils ou, mieux encore, personnalisez-les après avoir pris soin de les renforcer avec une intention magique et vos propres sigils. Tricotez vos charmes, confectionnez des poupées en tissu et faites des sachets d'herbes séchées. Soyez ingénieux et débrouillard, à l'image du petit peuple d'antan, et développez vos dons artistiques et votre vision en vous ouvrant à une nouvelle magie instinctive et astucieuse. Vous êtes né avec un pouvoir de création.

Côté lumière : veillez à cultiver votre talent et à partager votre sorcellerie. Grâce à une attitude volontaire, à un peu de pratique et à vos doigts de fée, vous développerez vos compétences. Pour réussir des projets créatifs et magiques, il faut savoir faire confiance à son imagination et à ses pouvoirs psychiques.

Côté ombre : une surcharge sensorielle a sans doute affecté vos perceptions visuelles. Au lieu de refuser de vous adonner aux activités créatives que vous aimez, commencez à fabriquer, à faire et à créer. Mettez-vous au travail et laissez votre talent inné façonner à nouveau votre imagination.

Incantation à l'artiste

L'imagination est la clef
Pour exploiter la créativité.
Compétences d'artisan, aiguisées pour créer,
Et tracer les chemins d'un destin maîtrisé.
La magie de l'artiste est utilisée sans nuire à personne.
Ainsi soit fait ; voilà, c'est fait.

Sorcellerie

La véritable magie d'une sorcière prend sa source dans une idée ou une vision qui se concrétise. Sculptez, peignez, tricotez, confectionnez et fabriquez vos propres œuvres magiques et déposez-les sur votre autel. C'est ainsi que vous développerez votre pratique et que vous gagnerez en inspiration, car vous êtes une magicienne astucieuse et créative.

16. Le Nœud magique

Liaison

Pratique le sort de liaison pour empêcher les autres de te ligoter et libère-toi.

Conseil de sorcière

Lorsqu'elle est victime d'une magie de manipulation, la sorcière a tendance à surréagir. Alors, si l'on vous manque de respect, qu'on essaie de vous contrôler, de vous intimider ou de vous martyriser, faites appel au sort de liaison. Il immobilisera ceux qui cherchent à vous nuire, réduira leur influence et les empêchera de vous faire du mal. De la même façon, si vous souhaitez décrocher une victoire, séduire quelqu'un ou provoquer une réussite professionnelle, effectuez une liaison avec vous-même ou avec un tiers si vous le désirez. Si vous avez l'impression d'être sous emprise ou de subir une influence négative, relevez le défi et utilisez un sortilège de liaison ou une tablette d'envoûtement.

En tant que sorcière pratiquante, vous devez savoir qu'il ne faut jamais lancer de sort de liaison lorsqu'on est sous le coup d'une émotion négative. Rappelez-vous que cette forme de magie n'est pas toujours définitive ; la colère et l'envie de vengeance ne feront que s'amplifier et toute intention malveillante pourrait se retourner contre vous. Car on récolte toujours ce que l'on a semé. Pour se prémunir des émotions de basse fréquence – jalousie ou colère – dirigées contre elles, les sorcières ont recours au nœud magique qui représente un puissant symbole de protection. À l'image des trois Parques qui dévident et nouent les fils de la destinée, les sorcières utilisent les nœuds comme talisman, car ils symbolisent la vie éternelle. Ils sont encore employés aujourd'hui par de nombreux pêcheurs, qui portent toujours sur eux une corde à trois nœuds pour se protéger des tempêtes.

Il est temps de reprendre le contrôle de votre vie et de demander aux vents de souffler dans une autre direction, car, actuellement, vous subissez des contraintes et des obligations un peu trop lourdes. Laissez le nœud magique vous aider à immobiliser les personnes qui ont une mauvaise influence sur vous et à vous attacher ceux que vous aimez.

Côté lumière : en liant les ingrédients destinés à vos sorts et en vous unissant à un autre magicien, vous améliorerez votre pratique et vous vivrez des relations réellement envoûtantes.

Côté ombre : si vous subissez l'emprise de quelqu'un, il est temps de régler les problèmes en suspens et de couper toute relation. Le nœud que vous avez à l'estomac vous invite à faire confiance à votre instinct.

INCANTATION AU NŒUD MAGIQUE

Échelles de sorcières, cheveux tressés,
Charmes noués pour lier et effrayer.
Malédictions, malheur, attaque psychique :
Lie-les et renvoie-les !
La magie de liaison est utilisée sans nuire à personne.
Ainsi soit fait ; voilà, c'est fait.

SORCELLERIE

Essayez ce sort de liaison d'amour :

- Coupez un bout de ficelle colorée – de préférence rose – pour l'attacher au poignet de votre futur amoureux.
- Pensez aux qualités que vous souhaitez trouver chez un amant et insufflez chaque intention dans le nœud que vous ferez sur la ficelle.

- Faites un nœud pour chaque trait de caractère.
- Nouez les deux extrémités de la ficelle pour faire un bracelet.
- Une fois que vous avez terminé, dites une incantation à la divinité de l'amour de votre choix, par exemple Aphrodite.
- Placez le bracelet dehors sur un rebord de fenêtre pour le charger des énergies de la pleine lune.
- Faites cadeau du bracelet à celui qui fait battre votre cœur.
- Pour rompre le sort, défaites chaque nœud tour à tour, car ce sont les nœuds qui recèlent le pouvoir.

17. LE CUEILLEUR

INDÉPENDANCE

Deviens un chasseur-cueilleur
et développe un lien avec la nature.

CONSEIL DE SORCIÈRE

Dans une époque en pleine mutation, il faut savoir rompre avec l'interdépendance qui régit nos sociétés et acquérir son autonomie pour pouvoir se débrouiller seul. Le besoin est généré par la peur et vous avez peut-être sacrifié votre propre identité à une dépendance malsaine. Se battre pour sa survie est un combat difficile, alors, au lieu de vous reposer sur une aide extérieure, faites preuve de curiosité et trouvez les réponses par vous-même. Cette carte vous appelle à devenir plus autonome et autosuffisant car, à l'image des sorcières qui stockaient des céréales pour l'hiver, c'est pour vous une question de vie ou de mort. Laissez tomber les rayons des supermarchés et allez plutôt vous promener entre les haies qui vous offrent une nourriture saine et gratuite. Enfilez des gants épais, prenez un sac et faites votre choix parmi les orties nourrissantes, les châtaignes sucrées, les baies d'églantier et les somptueuses mûres.

Les sorcières en quête d'ingrédients naturels à la fois pour leur consommation personnelle ou à des fins médicinales ont inévitablement une conscience accrue de leur environnement. Elles savent que la plupart des plantes sauvages comestibles possèdent bien plus de vitamines et de minéraux que les espèces cultivées. Lorsque vous cueillez des baies, faites preuve de parcimonie et de gratitude, soyez respectueux des plantes que vous trouvez dans leur habitat naturel et observez comment elles prospèrent et survivent. En devenant glaneur-cueilleur, vous approfondirez votre lien avec la nature, vous vivrez au rythme des saisons et vous ressentirez un certain soulagement qui dopera vos compétences de survie. Prenez le temps de vous balader en pleine nature et laissez les fruits de la terre vous restaurer. En vous régalant du festin qu'elle vous offre, vous aurez bientôt la force et l'autonomie nécessaires pour aller de l'avant.

Côté lumière : en retrouvant votre indépendance, vous aurez enfin la liberté de découvrir votre authenticité. Si vous utilisez les délices de la nature pour vos recettes de cuisine, pour votre magie naturelle et vos sorts, vous vous épanouirez. Il est temps d'élargir vos connaissances.

Côté ombre : en refusant d'assumer vos responsabilités ou en vous reposant sur les autres, vous vous imposez des limites inutiles. Prenez soin de vos biens personnels, maîtrisez vos finances et prenez les décisions qui vous aideront à progresser et à aller vers l'autonomie.

INCANTATION AUX CUEILLEURS

Prunelles pour le gin ou gelée maléfique,
Pommes sauvages, noix, pour se remplir le ventre.
Friandises sauvages et gratuites,
Sois autonome ; c'est la clé.
La magie du cueilleur est utilisée sans nuire à personne.
Ainsi soit fait ; voilà, c'est fait.

SORCELLERIE

Un cueilleur cherche toujours les ingrédients les plus naturels et les plus sains possibles pour confectionner ses sorts. Il connaît les superaliments offerts par la nature :

LE PISSENLIT : mangez-le cru ou cuisez les feuilles et les racines. Faites un thé avec des feuilles séchées. Le pissenlit contient des vitamines A, K, C, E, du calcium, du fer et du manganèse.

L'AIL DES OURS : les fleurs et les bulbes sont comestibles. Mettez-en dans des soupes, des salades et des sauces.

LA FLEUR DE SUREAU : contient de la vitamine C. Faites une infusion de fleur de sureau ou une délicieuse liqueur.

LA MÛRE : riche en vitamines C et K et en manganèse. Délicieuse dans les tartes ou les crumbles.

L'ORTIE : riche en calcium, en manganèse, en magnésium et en fer. Ébouillantez les jeunes pousses pour ôter le côté urticant, puis consommez-les crues ou dans des soupes pour détoxifier le sang et éliminer l'acide urique.

18. La Jeune Fille

Innocence

Renais au soleil levant, émerveillé
une nouvelle fois par son innocence.

Conseil de sorcière

La magie enchanteresse et la sexualité indomptée de la déesse reposent sur une séduction à la fois torride, sensuelle et innocente. Malheureusement, au fil du temps, les discriminations et les humiliations que vous avez subies vous ont fait perdre votre touche de magie, alors, votre flamme et votre joie de déesse ont cédé la place à la culpabilité, à l'épuisement, aux excès et à la procrastination. Votre exceptionnel mysticisme naturel s'est dissipé sous le poids des responsabilités et des épreuves, et votre lumière s'est obscurcie à mesure que vous tombiez dans le cynisme.

La triple déesse sous sa forme de jeune fille radieuse vous engage à l'introspection pour libérer votre part d'innocence, celle qui vous transporte, qui vous comble et qui vous rappelle surtout qu'il ne faut jamais prendre les choses trop au sérieux. Cette part d'innocence, c'est votre enfant intérieur, ce bel enfant angélique, créatif et imaginatif qui veut juste s'amuser, se détendre et patauger dans les flaques. À l'heure où la lune montante vous éclaire, la jeune fille vous invite à vous ébattre sous sa douce lueur. Pure comme la neige, elle vous propose un nouveau départ, surtout si vous avez péché par naïveté, crédulité et manque d'expérience. Il est temps de retrouver la simplicité, de rompre avec votre perfectionnisme et votre rigorisme. À mesure que vous vous forgez votre véritable identité, honorez vos qualités de jeune fille et découvrez le plaisir de l'aventure, de l'exploration et de l'enthousiasme.

C'est la jeune fille au début de son cycle de fertilité qui s'éveille, pure et vertueuse, à la délicieuse promesse de sa féminité avec toutes les nouvelles offrandes du printemps. La nature renaît à la vie à chacun de ses pas lumineux sur la terre fertile, tandis qu'elle vous invite à profiter du mysticisme et de la magie qui vous entoure. Il est temps de regarder à nouveau le monde avec des yeux d'enfant craintif et émerveillé, quel que soit votre âge. À mesure que votre regard spirituel s'ouvrira à sa présence virginale, vous découvrirez un monde caché, préservé, mais oublié depuis longtemps, car la jeune fille réside dans chaque pensée pure et dans chaque instant ludique. Lorsque votre innocence divine réapparaît, votre lien avec la jeune fille qui sommeille en vous se resserre et vous communiez enfin avec la déesse.

Côté lumière : vous entrevoyez une lumière au bout du tunnel : de nouveaux projets, un nouveau départ et une excellente opportunité se profilent. Purifiez votre mental, vos actions et votre régime alimentaire. Vous entrez dans une période de croissance, car vous semez de nouvelles idées. Il est temps de renaître.

Côté ombre : vous avez une image faussée de la perfection. Votre volonté de rester jeune vous cause préjudice ; lâchez prise et amusez-vous. Il n'y a que dans les tribunaux que l'on juge l'innocence et vous la capturez sous une lune montante. Allez de l'avant sans culpabiliser.

INCANTATION À LA JEUNE FILLE

La déesse se tient sous sa forme de jeune fille,
qui brille à travers l'aube qui vient.
La vertu est enfouie en toi :
Lève-toi et sors de ton sommeil profond.
La magie de la jeune fille est utilisée sans nuire à personne.
Ainsi soit fait ; voilà, c'est fait.

Sorcellerie

La jeune fille représente la forme jeune de la triple déesse. Elle symbolise la joie d'une nouvelle vie, l'innocence et la pureté absolues, l'insouciance et la fougue de la jeunesse. Elle est la pucelle inexpérimentée qui séduit et ensorcelle par sa naïveté angélique et son indépendance féminine. Associée à la couleur blanche, au premier croissant de lune et au printemps, elle indique de nouveaux départs, la naissance de nouveaux projets, la créativité, l'érotisme insouciant et la découverte.

19. LA MÈRE

ACCOMPLISSEMENT

Ne fais plus qu'un avec la Terre-Mère, plonge profondément dans son ventre fécond. Tu es chez toi.

CONSEIL DE SORCIÈRE

Dès votre premier souffle, à l'instant où vous êtes venu au monde grâce à votre mère terrestre, votre âme a éprouvé une totale plénitude en sentant votre présence sur la Terre-Mère. En réalité, cette plénitude ne vous a jamais réellement quitté, mais lorsque vous avez été propulsé dans le chaos primordial, vous avez été séparé de la Mère divine, ce qui vous a poussé à chercher un plaisir sans fin pour combler le manque laissé par cette perte.

La Terre-Mère vous rappelle la sagesse innée, la compassion et l'amour dont elle vous entoure, car elle veille sur vous constamment. Vous êtes en sécurité dans ce monde, nourri dans le ventre de Gaïa, l'âme même de la Terre. C'est elle qui a émergé de l'œuf cosmique à l'aube de la création et que nous, les sorcières ancestrales, nous honorons et vénérons comme l'origine de notre lignée. Elle est la fertilité, la solidité et la source de vie, car c'est elle qui nous a créées et qui nous a soutenues. À travers ses cycles naturels de naissance, de fertilité, d'union sexuelle et de croissance, nous pouvons apprendre à devenir une mère nourricière, enracinée sur la Terre-Mère.

Les épreuves et les aléas de la vie vous ont enrichi, et cela vous permet aujourd'hui d'assister et de secourir toutes les personnes qui connaissent des difficultés. Les défis que vous avez relevés vous ont donné un instinct maternel profond et naturel qui vous pousse à aider les autres comme une mère aiderait ses propres enfants. Vous allez vivre un profond processus de guérison et de renaissance, du ventre de la mère au ventre de la Terre, qui vous comblera sur un plan très personnel. Et, à mesure que vous travaillerez en étroite collaboration avec la déesse dans sa forme maternelle, vous vous ouvrirez à l'espérance au moment où vos nouveaux projets et vos efforts porteront leurs fruits. Votre plénitude sera entière et complète.

Côté lumière : vos qualités de mère nourricière sont précieuses pour les autres. Véritable mère terrestre et figure maternelle, vous avez le sens du conseil et une sagesse innée. Grâce à la magie, vous serez bientôt totalement épanouie.

Côté ombre : réglez les blessures maternelles : violence verbale, manque d'affection, mère dominatrice ou étouffante. Nommez les traumatismes pour briser le cycle. Remédiez aux problèmes de stérilité et prenez des mesures pour guérir et améliorer votre situation.

INCANTATION À LA MÈRE

Émerge des profondeurs de ses entrailles,
L'accomplissement illumine la pièce la plus sombre.
Entière et mûre, source de vie,
Déesse bénie, épouse divine.
La magie de la Mère est utilisée sans nuire à personne.
Ainsi soit fait ; voilà, c'est fait.

SORCELLERIE

La forme maternelle de la triple déesse naît durant les phases de pleine lune ; elle déverse l'abondance sur la terre et donne naissance à la nature. Elle est la plénitude, la passion, la maturité, la stabilité et la compassion. Elle est source de vie, car c'est à elle que l'on doit les étés florissants, la manifestation et la créativité. Associée à la couleur rouge, elle est respectueuse et pourvoyeuse de vie, à l'image du soleil dans un ciel d'été.

20. La vieille femme

MORT

La sagesse te parle au-delà de la mort.
Accueille-la et soumets-toi, en te libérant de tes peurs.

Conseil de sorcière

Se retrouver entre deux mondes, ni vraiment ici ni vraiment là, se sentir à moitié mort mais aussi à moitié vivant, s'accrocher vainement à ce qui reste de lumière n'a rien de rassurant. Mais faites attention, car l'appel de l'obscurité est réel quand la carte de la vieille femme se découvre. Veillez à ne pas vous laisser happer par le côté sombre des choses, car les ténèbres peuvent au premier abord paraître attrayantes. La vieille femme est la reine de la magie, une sorcière toute-puissante, la maîtresse de la connaissance et le réceptacle de la sagesse féminine. Tout, dans la nature, a une face sombre et c'est heureux, car cela permet la transformation. Rien ne sert de s'y opposer ; on ne perçoit la lumière que grâce aux ténèbres. Les deux sont nécessaires et ne peuvent exister l'un sans l'autre.

Laissez la vieille femme vous envelopper de sa cape noire, masquant ainsi la zone de confort à laquelle vous vous accrochez désespérément ; ce n'est qu'ainsi que vous pourrez voir la réalité. Au moment où vous empoignerez votre épée pour combattre dans la forêt obscure avec pour seule guide cette vieille indésirable, vous resterez aveugle un certain temps. Puis elle vous conduira au cœur des ténèbres pour faire la lumière sur ce que vous cherchez et elle vous enseignera comment puiser votre force dans ce sombre mystère et comment revendiquer la puissance et la vaillance nichées au fond de votre âme. Elle a entendu votre appel, votre besoin de plénitude et d'harmonie, votre envie d'exploiter votre potentiel magique. Si vous voulez côtoyer les sommets, vous devez d'abord affronter la mort et un dénouement qui vous paraîtra cruel, car la vieille femme n'est pas une carte réjouissante à première vue.

Mais n'ayez pas peur, car la promesse de mort de cette vieille femme est un remède qui révèle une nouvelle réalité. Lorsqu'elle vous accompagne, il n'y a pas de retour en arrière possible ; le chemin sera aussi long et aussi ardu que vous le déciderez. Mesurez l'incroyable cadeau qui vous est fait, car cette vieille femme préside à votre renaissance. Quelque chose doit mourir avant que vous puissiez changer de vie, voilà son message. Elle est la gardienne des carrefours et elle gouverne la transformation inéluctable, le passage à la féminité vieillissante, en vous promettant un ventre vide et desséché. Tout est en place pour soutenir le cycle de la vie et de la mort, pour donner naissance à la transformation magique que vous désirez, car la vieille femme change tout ce qu'elle touche.

Côté lumière : ne confondez pas un changement brutal avec la fin de vos rêves. La transformation attend, alors soyez prêt à émerger, à vous métamorphoser, à trouver l'équilibre entre l'ombre et la lumière, entre le savoir et la sagesse.

Côté ombre : affrontez vos angoisses et votre peur de vieillir. Il est temps d'accepter la maturité et de faire un pas vers la sagesse. La Mort révèle ce que vous évitiez et vous propose de repartir sur de nouvelles bases. Travaillez avec la vieille femme pour trouver l'inspiration, même dans les périodes les plus sombres.

Incantation à la vieille femme

Dans sa gloire se tient la vieille femme ;
N'aie pas peur de rester seul.
Une nouvelle vie s'empare de mon souffle
Au moment où la transformation invite à la mort.
La magie de la vieille femme est utilisée sans nuire à personne.
Ainsi soit fait ; voilà, c'est fait.

Sorcellerie

La vieille femme est un symbole de mort, de destruction et de déclin, mais aussi de sagesse et d'apaisement. Elle est la grand-mère, ou la forme vieillie et enlaidie de la triple déesse, celle que l'on craint et que l'on évite, la méchante sorcière des contes de fées. La vieille femme possède une part d'ombre effrayante, car l'obscurité l'accompagne jusqu'à la mort tout au long de l'hiver. Toutefois, la mort n'est pas synonyme de fin pour les sorcières. Elles y voient une transformation magique et une promesse de renaissance.

21. La magie des éléments

Nature

Laisse les forces élémentaires de la nature réveiller tes pouvoirs magiques dans l'équilibre et l'harmonie.

Conseil de sorcière

Oh, quel bel enfant de la nature vous faites ! Votre penchant pour les méthodes de guérison naturelle et votre croyance en un autre monde peuplé d'êtres mystiques font chanter votre cœur, alors entrez dans le royaume des fées ; le monde brillant des gardiens élémentaires qui gouvernent la terre, l'air, le feu et l'eau afin d'ordonner la nature grâce à la magie. Nous, les sorcières ancestrales, nous avons toujours fait confiance aux esprits de la terre et toujours vécu selon la loi magique de la nature ; vous devez vous aussi vivre au rythme des saisons en suivant la roue de l'année. Grâce à cet appel entendu depuis l'enfance, vous êtes entré dans cette vie dans le but de réveiller la sorcellerie des anciens temps, cette époque où la magie abondait et où les humains et le royaume des fées se respectaient et travaillaient harmonieusement ensemble pour assurer l'équilibre naturel en toutes choses.

Les fées attendent, elles sont présentes dans chaque fleur, chaque feuille, chaque brin d'herbe, chaque pierre et chaque rocher. Pourquoi ne pas les reconnaître et faire un pas de côté pour entrer dans leur magie ? Une sorcière garde toujours un pied dans les deux mondes et, depuis la nuit des temps, elle sollicite les fées pour leur connaissance de la magie de la terre : herbes médicinales, remèdes phytothérapiques et onguents floraux, pierres de guérison, charmes et cristaux. Nous utilisons le feu pour la bougie magique, l'air pour faire souffler un vent de sorcellerie et les propriétés psychiques de l'eau pour les sorts de mer et la magie de l'eau. Si vous vous ouvrez au monde de la magie élémentaire, elle viendra à votre rencontre. D'anciens chemins réapparaîtront, des passages secrets se révéleront et d'autres portails se déverrouilleront, renforçant ainsi votre magie naturelle qui vous donnera accès au royaume des fées.

Côté lumière : c'est le moment de regarder à nouveau le monde avec des yeux d'enfant émerveillé et craintif. À mesure que votre regard spirituel s'éveillera à la première étincelle de magie, vous découvrirez un monde que vous aviez oublié depuis longtemps. Il est temps de renouer vos liens avec la nature. Le monde des fées est prêt à vous soutenir.

Côté ombre : faites attention à ne pas vous laisser entraîner sur un chemin douteux ; les forces de la nature doivent être révérées et respectées. Rappelez-vous que les apparences sont parfois trompeuses lorsqu'il est question d'univers parallèles.

INCANTATION À LA MAGIE DES ÉLÉMENTS

La magie de la terre manifeste son désir,
Embrasse le pouvoir de l'eau et du feu.
Dans la brise, la magie de l'air abonde,
Embrasse les forces intérieures et extérieures.
La magie des éléments est utilisée sans nuire à personne.
Ainsi soit fait ; voilà, c'est fait.

SORCELLERIE

Une sorcière sait que les forces élémentaires avec lesquelles elle travaille possèdent à la fois le pouvoir de guérir et celui de blesser. Si vous voulez collaborer avec les forces de la nature, vous devez comprendre et vous reconnecter à :

LA TERRE : bon sens, objectifs, logique, enracinement et stabilité. Gardien : le gnome.

L'AIR : volonté, inspiration, communication et créativité. Gardien : le sylphe.

LE FEU : motivation, impulsion, force, courage, passion. Gardien : la salamandre.

L'EAU : émotions, développement psychique/intuitif, suivre le mouvement. Gardien : l'ondine.

22. LES ANCIENS

HOMMAGE

Écoute les murmures des vents, ils te parlent des anciens qui t'entourent maintenant.

CONSEIL DE SORCIÈRE

Les anciens sont la chair de votre chair, le sang qui coule dans vos veines, ces veines qui battent au rythme de la sagesse ancestrale. Leur arbre généalogique remonte à l'aube des temps lorsque les premiers humains ont marché sur cette Terre. Vous êtes un chant immémorial qui attend d'être entonné dans l'ici et maintenant, et vos ancêtres se sont engagés à perpétuer le pouvoir de l'esprit en votre nom. Vous n'êtes jamais seul, car ils veillent sur vous et vous protègent. Ils s'emploient à assurer la continuité de leur lignée. Lorsque vous vous sentez seul et déprimé, ils vous relèvent et vous soutiennent jusqu'à ce que votre situation s'améliore.

Faites de leur sacrifice et de leurs épreuves un cri de liberté, car ils font partie de vous et ils vous contemplent depuis les royaumes, veillant sur vous jour après jour. Vous êtes leur descendant bien-aimé et ils n'ont de compte à rendre qu'à vous seul. Ils sont à vos côtés lorsque vous cherchez à vous accomplir sur le plan terrestre, ce qui leur permet de renforcer ainsi leur propre croissance spirituelle. Et c'est parce que vous appartenez à leur famille d'âmes ancestrales et qu'ils vivent à travers vous qu'ils sont vos alliés et vos partisans. Ils sont en vous comme une voix silencieuse qui serpente à travers vos pensées, vos rêves, vos visions et vos chansons, ainsi que dans les signes qui apparaissent chaque fois que vous avez besoin de leur aide. Les messages que vous cherchez se trouvent dans les murmures du vent, sur la Terre et dans les refrains d'antan portés par la puissance de la musique.

Soyez attentif aux phénomènes de synchronicité qui surviennent dans votre vie quotidienne, car à chaque fois que vous appellerez les anciens, des symboles vous répondront. Votre lien est indéfectible ; ensemble vous êtes forts et rien ne peut vous séparer. Vous êtes leur famille et ils vous félicitent lorsque vous suivez leur voie en révérant les traditions de la magie ancestrale.

Côté lumière : rappelez-vous qui vous êtes et d'où vous venez, et soyez fier de votre ténacité. Les talents dont vous avez hérité et vos dons spirituels sont les clefs de votre destin. Allumez des bougies pour rendre hommage et remercier ceux qui vous ont précédé.

Côté ombre : ce n'est qu'en comprenant les traditions de ceux qui ont marché sur cette Terre avant vous que vous parviendrez à guérir vos blessures et votre chagrin. La psychogénéalogie vous aidera à vous libérer du passé.

INCANTATION AUX ANCIENS

Ancêtres de sang et d'os,
De ceux dont on se souvient et de ceux qu'on ignore,
Passé ancien retrouvé dans le recueillement.
Honorer un lien profond.
La magie des anciens est utilisée sans nuire à personne.
Ainsi soit fait ; voilà, c'est fait.

Sorcellerie

LES ANCÊTRES DU MÊME SANG : ce sont nos chers disparus, ceux dont on se souvient et que l'on a connus dans cette vie. Ils nous transmettent des enseignements essentiels, mais aussi l'amour, le réconfort et le soutien. Prononcez leur nom au cours d'un rituel pour guérir les blessures du passé. Pour pouvoir progresser, il faut savoir pardonner à sa famille.

LES ANCÊTRES INCONNUS : ce sont ceux que vous n'avez pas rencontrés dans cette vie, mais qui font partie de votre généalogie. Ce sont des parents inconnus et oubliés, qui attendent d'être réunis à votre famille biologique.

LES ANCÊTRES ENSEIGNANTS : ils viennent de tous les horizons ; ce sont tous les anciens qui ont transmis leur sagesse et leur connaissance. Ils vous préparent à vos rites de passage sous de nombreuses formes et vous les connaissez personnellement sur le plan terrestre ou comme guides spirituels.

LES ANCÊTRES DE VIE ANTÉRIEURE : ils vous aident à accéder à votre mémoire ancestrale. Vous avez, au sein de cette famille, des liens profonds qui transcendent le temps et l'espace et qui passent de vie en vie. Vous les reconnaîtrez instantanément lorsque vous les rencontrerez dans leur nouvelle incarnation.

LES ANCÊTRES PRÉHISTORIQUES : ils ont façonné et créé cette planète avec les dieux créateurs et les déesses. Ils nous ont donné la connaissance de l'astronomie, des mathématiques, de l'écriture, des plantes, de la guérison, de la cosmologie et de tant d'autres choses encore. Lorsque vous vous connectez à vos ancêtres préhistoriques, vous honorez vos premiers professeurs.

Vous êtes les ancêtres, vous êtes les sorcières et les sages qui ont jadis marché sur cette Terre et qui sont aujourd'hui de retour pour réécrire l'histoire et guérir les blessures de vos ancêtres. Vous avez bouclé la boucle.

23. LA TEMPÊTE

MANIPULATION

Sois libre et sauvage, danse dans les tempêtes de la vie et transforme tout ce que tu touches.

CONSEIL DE SORCIÈRE

En convoquant des rafales de vent, la foudre et des pluies torrentielles, vous balaierez tous ceux qui vous tourmentent. De toute évidence, vous avez essuyé de nombreuses tempêtes et, lorsque cette carte apparaît, vous êtes prié de ne pas négliger la situation explosive qui se prépare. Au lieu de vous laisser influencer par les forces chaotiques et imprévisibles de la nature et happer par les épreuves et les drames de la vie, il est temps de vous centrer, même au cœur du cyclone. Les sorcières comprennent d'instinct qu'il suffit d'une petite manipulation magique pour atteindre le résultat escompté. Non contentes de prophétiser et de faire lever des vents favorables en mer, elles savent déclencher ou bloquer de terribles cataclysmes, car elles ont toutes les compétences requises pour contrôler et prédire le temps.

Par sa compréhension des quatre éléments fondamentaux, la sorcière est capable de jouer avec la puissance des quatre vents mythologiques et de provoquer des bourrasques destructrices pour les arbres et les récoltes. C'est une magicienne de la manipulation du temps et elle sait utiliser cet art par vengeance ou par miséricorde. Si vous avez déjà essayé de siffler pour déclencher les vents ou si vous avez délibérément provoqué une tempête rien qu'avec votre souffle, alors vous n'aurez aucun mal à dompter l'influence pernicieuse d'un tiers en utilisant vos pouvoirs de sorcière.

Côté lumière : grâce à un état d'esprit positif, vous éloignerez les influences négatives et la crise qui menace, et vous obtiendrez le résultat que vous escomptiez. Pratiquez un peu de magie climatique pour contribuer à ce changement d'ambiance.

Côté ombre : les crises permanentes, l'instabilité et votre humeur morose vous empêchent d'atteindre vos objectifs. Ne vous lancez jamais dans la magie climatique lorsque vous êtes fou de rage.

Incantation à la tempête

Siffle les vents pour déclencher une tempête,
Les forces chaotiques, dans la magie, se transforment.
Divination, prévision, pouvoir en main,
Le climat a maintenant guéri les océans et les terres.
La tempête est utilisée sans nuire à personne.
Ainsi soit fait ; voilà, c'est fait.

Sorcellerie

Algues : la magie est au rendez-vous lorsque vous travaillez avec des algues, car ces dernières sont connues pour prédire la météo si vous les accrochez devant votre porte d'entrée.

Magie du chaos : tout en vous unissant aux quatre éléments fondamentaux, utilisez les légendes lunaires et le cycle des marées pour faire lever les vents et provoquer des tempêtes.

Déclenchement de tempête : remplissez un bol d'eau et placez-le sur un rebord de fenêtre ou à l'extérieur. Remuez l'eau lentement avec l'index de votre main dominante et commencez à souffler doucement (ou siffler) à la surface de l'eau. Augmentez ou diminuez la puissance de votre souffle selon le but désiré.

Manipulation des nuages : observez un nuage avec l'intention de le faire disparaître jusqu'à tomber dans un état hypnotique. Regardez le nuage se disperser ou s'éloigner.

24. LES TRAITEMENTS ET REMÈDES

GUÉRISON

Enracine-toi dans la terre pour te connecter à l'enseignement des plantes anciennes qui te montrent la voie de la guérison.

CONSEIL DE SORCIÈRE

Nos traditions médicinales, imprégnées de mystère et de superstition, s'échangent entre les haies, car nous, les sorcières, nous sommes une espèce courageuse et robuste qui a survécu pendant des siècles en tant que guérisseuses et herboristes. Grâce à nos breuvages occultes et à nos potions naturelles, nous avons soigné et guéri, même si beaucoup d'entre nous ont perdu la vie à cause de leurs secrets. Les connaissances thérapeutiques et la médecine populaire sont des énigmes très convoitées, issues de la tradition orale chez les sorcières ancestrales. La guérisseuse soigne les maux et la douleur au moyen de tisanes, de teintures mères et d'élixirs, qu'elle concocte, bien évidemment, dans un chaudron.

Découvrir des racines, des herbes, des épices et des plantes curatives, c'est concilier la chaleur du foyer et la véritable sorcellerie de guérison. Lorsque vous cueillez dans la nature de quoi élaborer des remèdes et des traitements par le biais d'infusions, de cataplasmes et de pommades, faites confiance à votre instinct. Choisissez avec soin des ingrédients naturels et écoutez le message des plantes maîtresses qui vous transmettent leur sagesse revitalisante. À mesure que vous perfectionnerez vos dons de guérison, beaucoup viendront vous consulter pour bénéficier d'une imposition des mains, d'une canalisation spirituelle et d'un nettoyage énergétique. Néanmoins, on ne peut devenir guérisseuse qu'après avoir traversé un bouleversement personnel, une douleur émotionnelle et une perte ; c'est le seul remède. Quand le chagrin et la souffrance s'abattent sur nous, on a toujours du mal à croire qu'on pourra les surmonter et qu'on guérira un jour. Mais lentement, votre âme rassemblera les fragments épars et le sentiment de plénitude reviendra.

Pour vous connecter à votre pouvoir de guérisseuse, vous devez d'abord régler les traumatismes de vos vies antérieures et vos blessures familiales ; s'attaquer à la racine du problème est la seule manière d'assurer la guérison de l'âme. Quand votre sensibilité augmente, les excès alimentaires affectent votre métabolisme et abaissent votre vibration énergétique, et les émotions débordent. Rassurez-vous, la paix à laquelle vous aspirez reviendra, car notre empathie de sorcière vous guérira en un rien de temps.

Côté lumière : vous êtes une guérisseuse née qui aurait tout intérêt à se documenter sur les remèdes traditionnels. Suivez des cours pour devenir herboriste, infirmière, thérapeute en médecine douce et adonnez-vous à des pratiques énergétiques comme le reiki, l'aromathérapie, l'acupuncture ou la lithothérapie.

Côté ombre : prenez un deuxième avis. Votre corps a besoin d'une détox, alors réduisez l'alcool, la caféine, les aliments gras et sucrés pour retrouver la santé. Si vous souffrez d'une douleur ou d'une fatigue chronique, n'ayez pas peur de demander une aide appropriée et reposez-vous.

Incantation aux traitements et remèdes

Venez guérir l'inconfort, la maladie, la douleur,
Des remèdes pour soulager la tension.
Les herbes médicinales préviennent la déchéance,
Infections, grippe : disparaissez, partez !
La magie de la guérison est utilisée sans nuire à personne.
Ainsi soit fait ; voilà, c'est fait.

Sorcellerie

La déesse vous appelle à vous réfugier dans l'ombre de son ventre, car c'est là qu'elle vous soignera grâce au contenu de son chaudron jusqu'à ce que vous soyez guéri. Cet élixir soigne la toux et atténue les symptômes de la grippe, des rhumes et des états grippaux :

- Remplissez un pichet d'une contenance d'un litre avec une demi-tasse de feuilles fraîches et de racines d'échinacée ou de feuilles séchées.
- Versez de l'eau bouillante sur les herbes pour en libérer les propriétés jusqu'à la moitié du pichet.
- Ajoutez du vinaigre de cidre sur la préparation et remuez.
- Filtrez la mixture avec un torchon, versez-la dans des bouteilles en verre foncé et secouez-la tous les jours.
- Plongez un doigt dans votre potion magique et posez-le sur votre cœur pour favoriser la guérison.

25. Le Chaudron

Recettes

Les esprits du foyer t'appellent dans la cuisine pour saupoudrer tes plats de magie.

Conseil de sorcière

Pour illustrer l'une des magies les plus anciennes, on dépeint souvent une méchante sorcière penchée sur son chaudron bouillonnant dans lequel mijote une potion magique. La cuisine est non seulement le cœur d'une maison, mais aussi un lieu sacré destiné à la création et à la magie. Nous, les sorcières, nous sommes les gardiennes des recettes ancestrales, et nous avons toujours compté sur le pouvoir secret des herbes, des plantes et des épices pour confectionner nos breuvages surnaturels. C'est un moyen simple d'intégrer la magie dans la vie de tous les jours, de devenir plus indépendant et autosuffisant. Laissez-vous guider par votre intuition lorsque vous choisissez les ingrédients propres à apporter une touche de magie à vos recettes et à ensorceler vos plats. Soyez audacieux, faites preuve de créativité et ajoutez un peu de magie blanche avec des intentions claires, pour enchanter vos aliments et devenir un véritable cordon-bleu, car une cuisine consistante et bien mitonnée est la vraie recette du bonheur.

Côté lumière : si vous voulez obtenir le résultat escompté, posez une intention claire et soyez attentif aux propriétés magiques du moindre ingrédient.

Côté ombre : considérer la cuisine comme une corvée est le meilleur moyen de courir au désastre et à l'accident domestique. Il est temps d'incorporer un peu de magie à vos recettes.

INCANTATION AU CHAUDRON

Pétillement, bouillonnement, potions frémissantes,
Une gorgée de magie, de mixtures aromatiques.
Recettes pour guérir ou empoisonner,
La magie du chaudron réconforte.
La magie du chaudron est utilisée sans nuire à personne.
Ainsi soit fait ; voilà, c'est fait.

Sorcellerie

Un chaudron est un récipient magique et universel qui symbolise les attributs créateurs de la déesse, et on peut l'utiliser pour :

LE BANNISSEMENT : le chaudron représente l'abîme cosmique lorsqu'il est utilisé dans des rituels de bannissement. Jetez les représentations des objets que vous souhaitez chasser de votre vie dans le chaudron et regardez-les disparaître dans le trou noir.

L'INFUSION : collectez de l'eau de pluie et déposez-la à l'extérieur pour la charger avec l'énergie de la pleine lune. Utilisez cette eau dans vos potions, vos recettes magiques et vos tisanes, ou lors des rituels et des cérémonies. Pour la divination, fixez l'eau jusqu'à tomber dans un état hypnotique pour recevoir une réponse à vos questions.

LA FERTILITÉ : le chaudron représentant l'utérus, on peut l'utiliser pour les sorts de fertilité ou pour provoquer un renouveau. Jetez un peu de terre au fond d'un chaudron, puis glissez vos souhaits dans les graines en les semant dans la terre. Attendez que les graines poussent en vous pour attirer une nouvelle naissance.

26. Le Pentagramme

Talisman

Tu es la magie contenue dans les cinq branches
de ce talisman sacré ; brille comme l'étoile.

Conseil de sorcière

Nous, les sorcières, nous désapprouvons les horribles superstitions qui entourent le symbole bien-aimé de notre art. Au fil des siècles, cette étoile magique à cinq branches a été mal comprise et accusée de promouvoir des sectes maléfiques, des rituels sataniques et autres pratiques diaboliques que l'on a associés à la sorcellerie. Nous pouvons néanmoins vous assurer que le pentagramme est un symbole de perfection et le signe de la déesse, alors ne vous laissez pas intimider par ce talisman ancestral, car il offre une protection surnaturelle et il vous relie aux forces de la nature lorsque vous pratiquez la magie. Nous vous encourageons à l'utiliser comme amulette lors de vos travaux de sorcellerie, mais aussi dans votre vie de tous les jours, pour éloigner la malveillance et les influences négatives et pour vous connecter aux forces de la nature. Chaque branche symbolise les cinq éléments : l'eau, l'air, le feu, la terre, l'esprit ; si vous entourez ce symbole d'un cercle, vous obtiendrez un pentacle qui représente l'intégralité et l'unité et qui protège également les cinq éléments fondamentaux et la sorcière.

Ce symbole sacré, vénéré à travers les âges par les civilisations anciennes, est depuis toujours utilisé par les sorcières dans leurs rituels et leurs envoûtements comme talisman de protection. Lorsqu'une situation vous laisse un sentiment d'impuissance et que le sort s'acharne, il vous suffit de dessiner ou de visualiser un pentagramme pour vous régénérer et vous protéger. Si vous vous sentez vulnérable, portez un pentagramme en pendentif, en boucles d'oreilles, sur un badge ou cousu sur un vêtement pour éloigner les attaques psychiques, les esprits malveillants et les mauvaises ondes. Avec un pentagramme à vos côtés, vous gagnerez en force. Il est temps de vous défendre avec respect et de montrer fièrement au monde qui vous êtes, en dissipant les peurs du passé. Brillez comme l'étoile que vous êtes.

Côté lumière : portez ce talisman sacré avec fierté et loyauté envers la voie que vous avez choisi d'emprunter. En défendant vos opinions, vous libérerez votre lumière intérieure. Vous êtes prêt pour joindre le geste à la parole, dans le respect, l'honneur et l'intégrité. Vous êtes protégé.

Côté ombre : vous devez vous prémunir de l'agressivité des autres, car votre hypersensibilité s'accroît. Ne vous laissez pas influencer par les peurs du passé. Écoutez l'appel du pentacle qui vous entoure de sa protection.

INCANTATION AU PENTAGRAMME

Étoile des sorcières, cinq branches de pouvoir,
Le fétiche en place a la force d'émanciper.
Défends tes convictions, l'honneur, le respect,
Symbole des anciens pour régénérer et protéger.
La magie du pentagramme est utilisée sans nuire à personne.
Ainsi soit fait ; voilà, c'est fait.

SORCELLERIE

Pour « devenir » le pentagramme :

- Tenez-vous debout, les pieds légèrement écartés et fermement ancrés au sol.
- Ressentez l'ancrage énergétique en vous connectant à l'élément terre.
- Inspirez profondément l'élément air, en remplissant vos poumons.
- Imaginez qu'une pluie rafraîchissante s'abat sur vous, nettoyante et purifiante.
- Imaginez que le soleil darde ses rayons sur vous ; sentez sa douce chaleur.
- Ressentez la fusion entre vous et les quatre éléments à mesure qu'ils se connectent à votre corps et à votre esprit.
- Appuyez-vous sur cette énergie et sentez la puissance vous envahir.
- Levez les bras et tenez-vous debout comme une étoile. Sentez votre esprit s'envoler.
- Vous êtes la terre, l'air, le feu, l'eau et l'esprit. Imaginez que vous êtes entouré d'une énergie créatrice.
- Vous êtes maintenant ancré, centré et entièrement protégé : vous êtes le pentagramme.

27. LA MAGIE DE LA LUNE

PHASES

Attire la lune et brille de mille feux dans l'obscurité ;
tu es toujours entier.

CONSEIL DE SORCIÈRE

En vous étreignant dans son éclat brumeux, la lune et son pouvoir vous fascinent. Sa douce et pâle lumière paraît recéler une magie qui lui est propre, et c'est pour cette raison qu'elle tient une place particulière dans le cœur de chaque sorcière. Lorsque remontent à votre mémoire les pâles souvenirs d'antan à l'heure magique de minuit au milieu d'une clairière inondée de sa lueur laiteuse, la sagesse et la magie ancestrales se réveillent en vous en attirant la mère de la sorcellerie. Nouvelle, pleine ou noire, chaque phase de la Lune vous relie aux différentes formes de la triple déesse : la jeune fille (pureté, jeunesse, commencements), la mère (le réconfort, le développement, la maturité) et la vieille femme (la transformation, la libération, la mort des anciens) en libérant votre sensibilité féminine.

Immergez-vous dans les énergies réparatrices et féminines de la lune en honorant les cycles de la déesse qu'elle symbolise. Nous, les sorcières, nous savons que chaque phase lunaire impacte à la fois la magie de la manifestation et celle de bannissement. Vous êtes sur le point de sortir d'une période difficile, une lueur nouvelle vous irradie et éclaire la voie sur laquelle vous vous engagez en acceptant les phases mystiques de la Lune.

Côté lumière : un cycle se termine et de nouvelles opportunités vont se présenter, alors franchissez cette nouvelle étape avec espoir et enthousiasme si vous voulez un maximum de résultats.

Côté ombre : la lune régit l'inconscient et affecte les émotions. Suivez les cycles lunaires pour comprendre comment elle affecte les vôtres afin de pouvoir contrôler vos colères ou votre mauvaise humeur.

INCANTATION À LA MAGIE DE LA LUNE

Appelle la lune, de la lumière lumineuse,
Mère de la sorcellerie, maîtresse de la nuit.
Baigne le ciel vêtu de sa douce et pâle brume.
Embrasse et travaille avec chacune de ses phases mystiques.
La magie de la lune est utilisée sans nuire à personne.
Ainsi soit fait ; voilà, c'est fait.

SORCELLERIE

Chaque phase lunaire est alignée à l'une des formes de la triple déesse ; exploitez son énergie puissante et mystique pour jeter des sorts et pour travailler la magie de la manifestation et celle du bannissement :

NOUVELLE LUNE, JEUNE FILLE : nouveaux projets, renouveaux, foi, espoir, optimisme.

LUNE MONTANTE, JEUNE FILLE/ MÈRE : développement, fertilité, transformation positive.

PLEINE LUNE, MÈRE : manifestation, désirs, accomplissement, abondance.

LUNE DÉCROISSANTE, MÈRE/VIEILLE FEMME : libération, lâcher-prise, élimination, nettoyage.

LUNE NOIRE, VIEILLE FEMME : bannissement, sagesse profonde, divination, plénitude.

28. LA CRISTALLOMANCIE

DIVINATION

Plonge ton regard dans une boule de cristal pour voir l'invisible, connaître l'inconnu et croire en l'implicite.

CONSEIL DE SORCIÈRE

Si vous souhaitez percevoir le monde au-delà de vos cinq sens, ouvrez vos yeux de sorcière. La boule de cristal vous révèle le passé, le présent et l'avenir, ainsi que toutes les vérités. À l'image de tous les supports divinatoires, elle ne ment jamais, soulignant ainsi les principes fondamentaux de la magie : vous n'obtiendrez pas toujours la réponse que vous souhaitez, mais soyez sûr que les sombres révélations qu'elle vous délivre ont forcément un but. Votre désir d'affiner votre perception extrasensorielle enrichit votre imagination et la prophétie révèle la diseuse de bonne aventure qui sommeille en vous. Les sorcières utilisent des supports divinatoires comme l'eau, le feu, les nuages et même les miroirs magiques pour recevoir des messages, des directives ou des visions, car ils sont considérés comme un portail menant à des mondes parallèles.

Le verre d'un miroir représente les propriétés psychiques de l'eau et reflète le visible et l'invisible. En scrutant un miroir magique ou en plongeant leur regard dans un bol d'eau, les sorcières comprennent les secrets profonds de l'âme.

Les méthodes de divination telles que les cartes, les oracles et la chiromancie vous donneront les conseils que vous avez demandés. Il est temps désormais de vous adonner à l'art ancestral de la cristallomancie qui vous permettra d'approfondir vos visions et votre connexion au monde des esprits. Sortez de chez vous. En vous ouvrant à la magie de la nature, vous découvrirez que les signes sont partout autour de vous et qu'ils vous regardent droit dans les yeux.

Côté lumière : des événements surnaturels vous donnent accès à un monde parallèle ; laissez-vous guider par vos visions. Vous possédez un sixième sens, prenez en conscience pour qu'il se révèle à vous.

Côté ombre : vous avez tort de penser que vos visions naissent simplement de votre imagination. Cessez de vouloir tout contrôler, car quelque chose se cache dans l'ombre. Ouvrez les yeux !

INCANTATION À LA CRISTALLOMANCIE

Regarde loin sous la surface,
Là où les ombres se cachent et où les sorcières pleurent.
La divination ouvre la voie ;
Nouvelles visions claires comme le jour,
La magie de la cristallomancie est utilisée sans nuire à personne.
Ainsi soit fait ; voilà, c'est fait.

SORCELLERIE

Fixez votre support de divination préféré et adoucissez le regard jusqu'à voir légèrement flou et pouvoir distinguer des formes et des symboles sur la surface de la projection. Servez-vous de votre perception extrasensorielle et restez ouvert aux messages visuels délivrés par les esprits :

EAU (HYDROMANCIE) : fixez la surface d'un bol rempli d'eau ou jetez des cailloux dans l'eau pour interpréter les ricochets.

FEU (PYROMANCIE) : fixez les flammes d'un feu ou une bougie allumée.

BOULE DE CRISTAL (CRISTALLOMANCIE) : fixez une boule de cristal et concentrez-vous sur la vision qui en jaillit.

HUILE : ajoutez une goutte d'huile essentielle à de l'eau et observez les différents motifs qui se dessinent.

MIROIR : placez une bougie allumée devant un miroir et scrutez les images qui naissent à la lueur vacillante.

MIROIR NOIR : fixez la surface obscure et attendez qu'une forme apparaisse.

CIRE (CÉROMANCIE) : jetez une goutte de cire chaude à la surface de l'eau et observez les symboles qui se forment.

NUAGE (NÉPHOMANCIE) : allongez-vous et interprétez les différentes formes.

FUMÉE (CAPNOMANCIE) : interprétez les formes qui émergent de la fumée d'un feu de bois ou d'herbes aromatiques.

29. Les Runes

Prédiction

Découvre le futur encore inconnu dans les symboles sacrés gravés dans les pierres de pouvoir.

Conseil de sorcière

Au fond de vous, vous connaissez déjà les réponses que vous cherchez. Ouvrez-vous aux signes et aux symboles qui indiquent l'avenir. En tant que sorcières ancestrales, nous avons le devoir de vous aider à accéder à votre don de voyance, car vous avez en vous la capacité de prédire le futur depuis votre plus jeune âge. Vous êtes attiré par les symboles venus d'ailleurs, même si vous n'en comprenez pas encore la signification ni la mystique.

Plus vous travaillerez avec des supports magiques et divinatoires tels que les runes, plus vous accéderez à des secrets indicibles et à une symbolique sacrée et plus vous développerez votre don de voyance. Depuis la nuit des temps, nous, les sorcières ancestrales, nous avons gravé et sculpté des glyphes sacrés sur la pierre, le bois et l'os, de peur que notre savoir et notre pouvoir ne tombent dans de mauvaises mains. Il suffit d'un simple coup de baguette magique sur ces runes pour protéger et sceller vos informations confidentielles et éviter que les autres n'aient accès à vos connaissances les plus intimes et à vos pouvoirs magiques. Gravez vos propres runes dans lesquelles vous aurez glissé vos vibrations au moyen de sigils sacrés et laissez vivre votre créativité. En travaillant avec ces outils magiques personnalisés, vous augmenterez votre pouvoir de prédiction et vous saurez ce que le destin vous réserve.

Côté lumière : vous possédez un don de voyance hérité de vos ancêtres. Un signe vient confirmer ce que vous pensiez déjà ; il est temps de vous faire confiance. Écoutez le destin qui vous pousse vers les pierres : elles ont un message ultraconfidentiel pour vous.

Côté ombre : cessez de chercher des réponses chez les autres. Votre futur est entre vos mains, mais vous refusez de voir les signes. Ne cachez pas votre don par peur d'être rejeté.

Incantation aux runes

Gravées dans la pierre et dans les os anciens,
Des significations secrètes, apprenez et affinez.
Il suffit de les lancer pour deviner,
À moi la prophétie et l'avenir !
La magie des runes est utilisée sans nuire à personne.
Ainsi soit fait ; voilà, c'est fait.

Sorcellerie

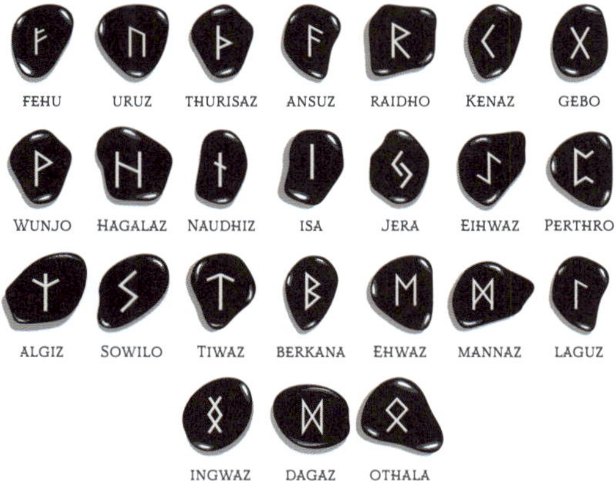

30. L'ALPHABET DES SORCIÈRES

SECRETS

Permets à ta magie d'initier des écrits mystiques venus du fond de ton âme.

CONSEIL DE SORCIÈRE

Notre royaume est un monde de connaissances secrètes et cachées, enveloppé d'un profond mystère et de silence. Le combat intérieur que vous menez en ce moment menace votre enracinement et vous pousse à la dissimulation et au déni. Lorsqu'on ne parvient pas à raconter aux autres certains faits jugés inavouables, on prend le risque d'être hanté par les cadavres qu'on a enfermés dans son placard.

En fuyant le passé et en enfouissant vos vieilles blessures, vous vous condamnez au désespoir. Certes, le secret a quelque chose de séduisant, d'intrigant, de plaisant même pour celui qui cherche la vérité, mais pour celui qui le garde, il constitue un lourd fardeau impossible à partager. Néanmoins, il arrive que certaines vérités soient difficiles à divulguer parce qu'elles porteraient tort à autrui.

Lorsque le silence devient trop lourd à supporter, faites appel aux sorcières ancestrales pour vous aider à communiquer ces souvenirs enfouis. En nous permettant de cacher notre magie à la vue de tous pour qu'elle ne tombe pas dans de mauvaises mains, les termes ésotériques, les glyphes et les symboles nous ont protégées des persécutions. Nous avons codé nos connaissances sacrées en créant notre propre alphabet de sorcière, impossible à déchiffrer par les non-initiés, car nous sommes prêtes à tout pour défendre notre savoir et nos croyances. Libérez-vous des secrets des autres et de tous ceux qui exigent que vous gardiez le silence, et créez plutôt votre propre langue écrite. Une fois que vous serez libéré des secrets du passé, des confidences oppressantes qui vous ont été imposées ou de l'emprise que vous subissez, vous accéderez à votre authenticité et vous accepterez le rôle de gardien des cérémonies rituelles occultes et sacrées.

Côté lumière : gardez vos cartes tout contre vous, car quelqu'un cherche à s'emparer de votre savoir. Si vous avez un secret, vous avez parfaitement le droit de décider à quel moment le révéler ou pas.

Côté ombre : certains faits inavouables vous ont poussé à vous cacher et vous abritez de sombres secrets. Quelqu'un vous dissimule quelque chose. Les non-dits ou les mensonges vous protègent d'une vérité difficile.

INCANTATION À L'ALPHABET DES SORCIÈRES

Caché dans l'obscurité, le déni trop profond,
Des rumeurs chuchotées, des secrets à garder.
Connaissances codées, à garder près du cœur,
Emporte-les dans la tombe, ne les partage jamais.
La magie de l'alphabet est utilisée sans nuire à personne.
Ainsi soit fait ; voilà, c'est fait.

SORCELLERIE

Saviez-vous que le mot « secrétaire » signifiait « gardien des secrets » ? Devenez un gardien des secrets au sein des traditions du mystère qui protègent les enseignements sacrés de notre art : inventez votre propre alphabet thébain et utilisez-le pour écrire dans votre grimoire, votre Livre des Ombres. Remplissez-le de toutes les informations que vous souhaitez préserver des regards indiscrets.

31. LE GRIMOIRE

AUTHENTICITÉ

Dans le grimoire de tes ancêtres, tu découvriras l'incontestable, la proclamation de la magie naturelle.

CONSEIL DE SORCIÈRE

Imaginez-vous tenant entre vos mains le premier et authentique grimoire de sorcellerie en cuir relié, rédigé par les sorcières ancestrales ! Imprégné de pouvoir magique, de sigils sacrés et de puissantes incantations, son pouvoir est de nature à franchir toutes les distances à la vitesse de la lumière. Il contient les écritures les plus anciennes du monde et le savoir ésotérique, hérités de la Pythie elle-même. Nous encourageons toutes les sorcières à rester fidèles à leur authenticité. Il est temps de créer votre propre grimoire secret et de le personnaliser à mesure que vous tracez votre chemin grâce à votre magie indicible, aux savoirs que l'on vous a délivrés et à votre connaissance personnelle de l'art.

Depuis les débuts de l'écriture, nous, les sorcières, nous avons consigné sur d'anciens parchemins nos sortilèges, nos rituels et nos symboles magiques pour demander à l'invisible d'exécuter nos ordres.

L'authenticité d'un grimoire est essentielle, c'est l'héritage que nous vous transmettons. Restez fidèle à vous-même et créez un Livre des Ombres qui soit spécifique à vos besoins et à votre pratique magique, de manière à pouvoir le léguer, un jour, à la prochaine génération de sorcières. Faites-en un objet unique et précieux dont vous serez seul à connaître l'existence pour l'instant. L'heure est venue d'assumer votre singularité, de quitter votre placard à balais, car vous ne pouvez plus cacher votre vérité sous prétexte d'être persécuté. Votre âme de sorcière vous pousse à faire preuve de courage et à apparaître au grand jour, ce qui vous permettra enfin de vivre votre vie en toute liberté.

Côté lumière : il est temps d'avouer la vérité sur la situation, même si ce n'est qu'à vous-même. Votre véritable réalité intérieure est sur le point d'être révélée. L'illusion se dissipe ; vous voyez enfin clair chez les autres et vous comprenez les événements. Couchez sur le papier vos pensées les plus intimes pour libérer votre créativité.

Côté ombre : trop de contraintes et de contrôles obscurcissent votre esprit et étouffent votre expression. Libérez-vous de votre fardeau grâce à l'écriture. Il est temps de révéler votre Moi authentique et de laisser tomber votre masque.

INCANTATION AU GRIMOIRE

Sors du placard, prends position,
Nul besoin de te cacher, c'est ta chance.
Vis selon les préceptes du livre, sois toi-même,
Fais les premiers pas et tu iras loin !
La magie du grimoire est utilisée sans nuire à personne.
Ainsi soit fait ; voilà, c'est fait.

SORCELLERIE

Un grimoire est le livre personnel de magie d'une sorcière. Ses pages sont destinées aux sorts, aux instructions magiques et aux textes sacrés. À l'aide de charmes, de sortilèges, de pactes et d'incantations, une sorcière note dans son grimoire ses pratiques secrètes et ses recommandations pour invoquer des entités surnaturelles, créer des objets magiques et des talismans, lancer des sorts et se livrer à la divination.

32. LES POUPÉES

SORCELLERIE

Rappelle-toi qui tu es et souviens-toi de la magie que tu tisses dans la création. Blesser ou guérir : la décision t'appartient.

CONSEIL DE SORCIÈRE

En tant que sorcière, vous avez tout à fait le droit de vous tourner vers la magie actuellement ; cependant, il faut toujours maintenir un équilibre entre ombre et lumière quand on s'adonne à l'occultisme. Lorsque vous n'assumez pas vos actes et que vous rejetez la faute sur les autres, vous réveillez votre noirceur et les ténèbres vous guettent ! Les forces du mal ont le pouvoir de détruire et de consumer.

Il est temps d'éviter ceux qui les manipulent et qui jouent avec les émotions des personnes vulnérables.

Lorsqu'on vit une épreuve et qu'on n'a pas encore appris à équilibrer ses affects, toutes nos peurs refoulées ressurgissent et c'est notre instinct qui prend le dessus. Dans le domaine sentimental, il est de votre responsabilité de sorcière d'éviter les passions dévorantes et obsessionnelles et de vous méfier de tout phénomène d'emprise. Depuis des siècles, nous avons été victimes, nous les sorcières, de personnes malintentionnées prêtes à franchir toutes les limites. Une magie noire est à l'œuvre et vous feriez bien d'être attentive au code éthique des sorcières.

Face à des paroles agressives ou à un comportement blessant, on a souvent tendance à surréagir. Si la situation s'envenime et si vous avez l'impression de ressentir un pincement ou une piqûre d'aiguille, vous pouvez très logiquement en déduire qu'une méchante sorcière, quelque part, vous poignarde dans le dos. Cependant, il n'est ni acceptable ni moral de riposter par des sortilèges ou des malédictions ; en pratiquant, au contraire, une magie sympathique au moyen d'une poupée, vous mobiliserez les forces nécessaires pour résoudre la situation. Même si ces petites figurines en forme de poupée peuvent être utilisées à des fins malveillantes, toutes les gentilles sorcières travaillent avec ces effigies pour amener la guérison, la protection, la paix et l'amour. Il est temps de donner un nouveau souffle à votre magie et à votre travail de guérison.

Côté lumière : à mesure que vous revendiquez votre potentiel magique, la sorcellerie vous donne le pouvoir de choisir. Privilégiez la pratique ancestrale des poupées pour guérir les autres et pour vous émanciper.

Côté ombre : méfiez-vous du pouvoir de la sorcellerie, car une force obscure se réveille en vous. Vous devez briser cette envie de magie noire avant d'être submergé par vos obsessions. Il est temps de lâcher prise. Être obnubilé par quelque chose peut aider à atteindre un objectif, mais cela peut aussi devenir dangereux. Libérez-vous de cette emprise et pensez à vous.

INCANTATION AUX POUPÉES

Des épingles à nourrice, avec une intention de sorcière,
Dans des poupées-fétiches qui représentent
Ceux qu'il faut bannir, par amour, ou pour guérir.
Les pouvoirs de la sorcellerie dévoilent et révèlent.
La magie des poupées est utilisée sans nuire à personne.
Ainsi soit fait ; voilà, c'est fait.

SORCELLERIE

Les figurines en forme de poupée sont généralement fabriquées en feutre ou en tissu coloré, mais on peut aussi les créer en cire, en bois ou en argile, et les remplir de différents matériaux et objets magiques tels que des herbes, des cristaux, des pierres, des sigils, des noms et des prières. Prenez soin de votre figurine et traitez-la avec respect, car elle constitue la représentation d'une personne donnée. C'est ce qu'on appelle la magie sympathique, qui est aussi vieille que la sorcellerie elle-même. Vous pouvez la pratiquer de façon illimitée : pour la guérison, la protection, la prospérité, le bannissement et l'éloignement. Les poupées servent aussi bien à blesser qu'à guérir. Piquez une épingle dans la zone à guérir ou dans le cœur pour les sorts d'amour, ou entourez l'effigie de ficelle noire pour une magie de liaison. La signification des couleurs est la suivante :

ORANGE : succès et bonheur

NOIR : liaison et bannissement

VIOLET : protection

ROUGE : amour et passion

BLEU : guérison

VERT : prospérité

33. L'ASSEMBLÉE

RÉUNION

Retrouve ta tribu de sorcières pour pratiquer la magie du chaos.

CONSEIL DE SORCIÈRE

Une sorcière solitaire peut souvent se sentir seule. Quand l'isolement vous pousse à fuir un monde qui ne comprend pas votre sensibilité, faire cavalier seul ne correspond pas forcément à un choix et peut générer des doutes et une démotivation. Si vous vous êtes replié sur vous-même ces derniers temps, c'est parce que vous aviez besoin de vivre de fortes expériences spirituelles que vous ne pouvez trouver qu'en compagnie d'autres sorcières. Les échanges virtuels ne remplacent pas les véritables interactions sociales et la présence physique de gens qui nous ressemblent et avec lesquels on partage les mêmes croyances.

Si vous avez, récemment, coupé les ponts avec des personnes qui vous paraissaient trop superficielles, qui n'étaient pas fascinées par la lune, le soleil, les étoiles et les planètes, et qui n'appréciaient pas les beautés de la nature, alors vous avez un besoin urgent de fréquenter d'autres sorcières. La bonne nouvelle, c'est que vous n'êtes pas obligé de vous débrouiller tout seul ; cette carte vous invite à une assemblée. Même si vous préférez pratiquer la magie en solitaire, vous devez absolument, et surtout en ce moment, participer à une réunion. Être une sorcière ne se limite pas à lancer des sorts et à pratiquer des rituels ; c'est une célébration ! Commencez la fête en vous rendant à l'une des nombreuses assemblées ou festivals de sorcières ; vous y trouverez un groupe qui vous ressemble et cela redonnera du sens à votre vie et à votre travail.

Côté lumière : ce n'est que dans l'union mystique que vous trouverez votre pouvoir. Faites la fête avec des gens qui partagent vos centres d'intérêt. Les assemblées sont des temps de célébration.

Côté ombre : un sentiment d'insécurité vous poussera à vous mettre en retrait. Veillez à ne pas vous laisser envahir par les idées noires. Une personne liée à votre passé s'apprête à vous inviter ; votre pouvoir augmente lorsque vous travaillez avec les autres. Concentrez-vous sur votre intention et non sur votre ego.

Incantation à l'assemblée

Lancer des sorts en solo, ça marche.
Mais il est temps de rencontrer d'autres personnes,
de s'amuser entre sorcières.
Recueille des invitations pour une assemblée,
Pour rire, partager et te faire des amis.
La magie de l'assemblée est utilisée sans nuire à personne.
Ainsi soit fait ; voilà, c'est fait.

Sorcellerie

Une assemblée est un rassemblement de sorcières et de sorciers qui prend souvent la forme d'une réunion. C'est l'occasion de se retrouver entre sorcières pour partager un repas, évoquer les traditions ancestrales, et surtout de se faire de nouveaux amis, ce qui est toujours une chance, que l'on soit une sorcière solitaire ou pas.

34. LES SABBATS

CÉLÉBRATION

Entends la terre chanter alors que tu entres dans l'aube d'une nouvelle journée de sabbat.

CONSEIL DE SORCIÈRE

Nous, les sorcières, nous respectons les solstices et les équinoxes depuis la nuit des temps. Nous suivons l'ancien calendrier que les entités lumineuses nous ont donné pour nous montrer les cycles et le mouvement du soleil, de la lune et des planètes dans notre système solaire. Chaque mouvement affecte les êtres vivants sur cette planète. Nous ne faisons plus qu'un avec la nature lorsque nous vivons en harmonie avec les dynamiques de la Terre et de l'Univers.

Il est temps d'entrer en résonance avec les saisons et les sabbats et de reconnaître leurs répercussions sur nos vies quotidiennes. Il n'y a pas de sentiment plus intense que de vivre à leur rythme et de suivre les rituels qui se déroulent entre chaque fête. Faites silence, soyez attentif aux évolutions de la nature et savourez l'instant présent. Regardez les arbres, contemplez le paysage et observez les cycles du soleil tout au long de l'année, lorsqu'il décline ou remonte haut dans le ciel. Sentez les vents du changement et la brise qui vous caressent le visage, et remarquez à quel point les oiseaux et les animaux réagissent à la nature en mouvement.

Lorsque vous vous tenez dans le cercle magique pour marquer les sabbats, vous ne faites plus qu'un, vous aussi, avec les ancêtres, les esprits de la terre, les puissances et les espaces qui vous ont précédé à l'endroit où vous vous trouvez aujourd'hui. Les sabbats ponctuent la roue de l'année, c'est un temps pour se ressourcer et réfléchir dans un esprit de gratitude et de célébration. Nous, les sorcières ancestrales, nous maîtrisons les forces élémentaires de la nature et nous travaillons avec elles en l'honneur des différentes formes de la triple déesse, toujours en lien avec les saisons et les fêtes de notre calendrier. Il est temps de prendre une profonde inspiration et de ressentir les bienfaits physiques et spirituels que vous offre la période actuelle, de ne faire plus qu'un avec les cycles de la nature. C'est l'heure des célébrations, savourez votre bonheur, honorez ce que vous avez semé et remerciez les esprits de la nature et la déesse – dans sa trinité de jeune fille, de mère et de vieille femme – qui continue de nous mener autour du cercle du sabbat qui symbolise, à nos yeux, la vie sur Terre.

Côté lumière : respectez les dates des fêtes et des célébrations. Vous avez l'occasion de vous réinventer ; vous êtes en position de force pour donner de vous l'image que vous souhaitez. Progressez dans cette nouvelle vie, car vous êtes sur le point de repartir sur de nouvelles bases.

Côté ombre : acceptez gracieusement les avantages qui vous sont offerts en ce moment. Ils sont à vous. Oubliez vos préoccupations qui ont tendance à vous ralentir et renaissez grâce à la danse, au chant, à toutes les activités qui vous passionnent pour raviver votre amour pour la nature.

INCANTATION AUX SABBATS

Une célébration, de la jeune fille à la vieille femme,
N'aie pas peur de marcher seul.
Suis l'année, les yeux ouverts.
La joie t'attend ; c'est le temps des surprises !
La magie du sabbat est utilisée sans nuire à personne.
Ainsi soit fait ; voilà, c'est fait.

SORCELLERIE

En acceptant les traditions de la sorcellerie ancestrale et le rythme des saisons, vous pourrez acquérir une sagesse spirituelle. Quand les sorcières d'antan travaillaient avec les forces élémentaires de la nature, elles honoraient également les statuts de la triple déesse à travers la roue de l'année :

IMBOLC (1ER FÉVRIER) : c'est une période de nouvelle croissance, l'époque où les jeunes pousses surgissent du sol et où s'opère le début du renouvellement de la vie. C'est le temps de la jeune fille.

OSTARA (21-22 MARS) : l'équilibre est dans l'air et les jours sont aussi longs que les nuits. Nous célébrons la naissance d'une nouvelle vie. La jeune fille mûrit.

BELTANE (1ER MAI HN) : c'est un festival de feu qui célèbre le plein épanouissement de la nature. C'est le temps de la mère.

LITHA(21-22 JUIN) : ce sabbat célèbre le solstice d'été, le jour le plus long de l'année. La mère est glorifiée.

LUGHNASADH (1ER AOÛT) : on récolte le grain et on fait la fête. La mère vieillit.

MABON (21-22 SEPTEMBRE) : l'harmonie entre le jour et la nuit est à son apogée ; on célèbre les récoltes. C'est le temps de la vieille femme.

SAMHAIN (31 OCTOBRE) : un hommage aux âmes des morts, la période où le voile entre les deux mondes s'affine. La vieille femme est révérée.

YULE (21-22 DÉCEMBRE) : célébration de la renaissance du soleil au solstice d'hiver, car maintenant que la nuit la plus longue de l'année est passée, les jours commencent à s'allonger vers le solstice d'été. La vieille femme disparaît.

35. LE COVEN

L'ENGAGEMENT

Écoute les voix invisibles qui t'invitent à participer au rituel avec les sorcières de ta lignée.

CONSEIL DE SORCIÈRE

Votre détermination et votre persévérance pour trouver un coven ont enfin porté leurs fruits. En tant qu'adepte dévoué de la wicca, vous avez souhaité la tenue d'un coven dans lequel tous les membres se soutiendraient mutuellement et s'engageraient à partager la sagesse authentique de l'art. Votre volonté farouche se répercute jusque dans votre âme chaque fois que vous posez vos pieds nus sur la terre. Écoutez les voix éthérées des sorcières ancestrales qui chuchotent à travers les brumes de la sagesse insondable, car nous, les sorcières d'autrefois, nous avons toujours veillé sur vous et nous vous soutenons dans vos efforts pour vous connecter à vos frères et à vos sœurs de cœur.

Le respect que vous éprouvez envers les mystères sacrés, le désir ardent de vivre une expérience profonde et personnelle au sein de notre art vous permettront de devenir un praticien dévoué, une fois que vous aurez érigé votre temple intérieur. Le portail antique qui vient de s'ouvrir devant vous révèle la communauté que vous cherchiez. Préparez-vous à y être reçu au moment où vous montez sur la pierre de fondation de la sorcellerie et que vous acceptez l'univers magique du coven.

Votre désir d'appartenance à un groupe et votre envie de jouer un rôle déterminant dans une pratique collective de sorcellerie vous propulsent vers un rassemblement de sorciers et de sorcières, et plus spécifiquement vers un coven dans lequel vous vous sentirez chez vous. Au sein de votre nouveau groupe, vous êtes en sécurité, libre de revendiquer votre véritable Moi, de partager votre passion pour l'ésotérisme et d'étudier. Agissez toujours avec respect, loyauté et responsabilité, à la fois envers vous-même et envers les autres, car vous êtes une sorcière sage, déterminée et dévouée à l'art ancestral.

Côté lumière : l'union fait la force. Vos dons de sorcière et votre estime personnelle se développeront à vitesse grand V si vous joignez vos forces à celles d'autres magiciens. Engagez-vous et poursuivez votre route avec sincérité. C'est le moment !

Côté ombre : vous n'avez pas besoin de faire cavalier seul ou de compter sur le pouvoir des autres. Ceux que vous cherchez sont là, n'abandonnez pas. Rejoindre un coven vous aidera à trouver votre voie.

INCANTATION AU COVEN

Un chemin de sorcière à parcourir et à reconnaître,
Quand le coven t'appelle, tu n'es pas seul.
Partage le rituel, le sort magique,
Le dévouement t'enrichira.
La magie du coven est utilisée sans nuire à personne.
Ainsi soit fait ; voilà, c'est fait.

SORCELLERIE

Un coven est une communauté soudée de sorcières qui, une fois initiées, travaillent sous la conduite d'une grande prêtresse et d'un grand prêtre. Les covens soutiennent et encouragent chacun de leurs membres en leur donnant la capacité de développer leur pratique, leurs connaissances et leur confiance dans leur art. Ces rassemblements coïncident souvent avec les sabbats et les grandes dates de la roue de l'année. Selon l'occasion, les membres d'un coven participent à des rituels de groupe et des cérémonies ou lancent des sortilèges.

36. LA MAGIE RITUELLE

INITIATION

Maîtrise le pouvoir magique de l'initiation en entrant, envoûté, dans le monde de l'ésotérisme.

CONSEIL DE SORCIÈRE

Nous, les sorcières de l'Oracle, nous sommes témoins de votre profonde recherche d'initiation à l'art ésotérique du rituel et de la haute magie. Grâce aux rites de passage que vous avez entrepris au prix de grandes difficultés et de nombreux sacrifices, vous êtes aujourd'hui un initié dans l'art de la magie rituelle. Ce que vous avez accompli relève de l'exploit et nous vous félicitons pour votre persévérance, votre force d'âme et votre courage. La clef des secrets est maintenant à votre portée puisque vous vous apprêtez à vous initier aux savoirs ésotériques. Vous avez compris que vous possédez un don, une magie intérieure qui vous propulse à un nouveau degré d'initiation dans l'art.

Ce n'est pas un hasard si la sorcellerie a choisi de vous initier à l'une des plus anciennes pratiques du monde. Non seulement vous avez pressenti le pouvoir interdit qui se cache au cœur de la magie rituelle, mais vous avez compris sa signification, sa puissance et les différentes facettes des anciens systèmes de croyance de la magie cérémonielle. Pour parfaire votre initiation, vous devez étudier les doctrines, les procédures de la magie rituelle et leurs implications, en prenant conscience que seul l'apprentissage peut libérer toute l'étendue de vos pouvoirs occultes. S'adonner à la magie rituelle, c'est travailler avec les forces et les énergies invisibles qui régentent les immenses pouvoirs de la haute magie, dont l'objectif est de provoquer des changements immédiats et réalistes pour votre plus grand bien. En la pratiquant, vous parviendrez à un nouvel état de conscience, à une meilleure compréhension et exécution des rituels magiques.

Vous démarrez une nouvelle phase de votre vie qui vous oblige à garder le silence sur la profonde signification des pratiques magiques que vous mettez en œuvre désormais. Il est temps de centrer votre vie et vos activités autour des rituels. Faites en sorte qu'il en soit ainsi.

Côté lumière : soyez reconnaissant puisque vous êtes accueilli. Pratiquez la méditation profonde et les arts ésotériques pour atteindre la connexion voulue. Si vous voulez développer votre pouvoir personnel, vous devez en passer par l'initiation. Vous y êtes prêt puisque vous honorez les anciens dieux, les secrets de la magie et les anciens mystères de la sorcellerie.

Côté ombre : s'adonner à la magie noire n'est pas recommandé. Méfiez-vous des comportements sectaires avant d'entreprendre des rites d'initiation ; faites marcher votre intuition pour repérer les gens qui cherchent à obtenir de vous des avantages magiques. Un sombre secret sera révélé et partagé.

INCANTATION À LA MAGIE RITUELLE

Initiation, pouvoir magique,
Ta souveraineté règne en cette heure.
Les bras levés vers les dieux de l'ancien temps,
Invoque les destins comme cela a été prédit.
La magie rituelle ne nuit à personne.
Ainsi soit fait ; voilà, c'est fait.

SORCELLERIE

Une initiation est un rite de passage lors d'une cérémonie ou d'un rituel qui permet de passer d'une phase de vie à une autre, généralement conduit par un membre d'un coven ou un aîné. Les différentes initiations dans l'art sont :

RITE DE LA MARCHE DU FEU : nettoyage, purification et émancipation.

RITE DE LA QUÊTE DE VISION : rite de passage pratiqué en solitaire, en pleine nature pour la connexion.

RITE DE NOMINATION : pour acquérir votre nom magique

RITE DE LA PLEINE LUNE : un rituel pour absorber les énergies de la lune, à pratiquer « vêtu de ciel ».

RITE DE L'UNION DES MAINS LIÉES : mariage sacré avec soi-même ou avec une autre personne.

RITE DE LA VIEILLE FEMME : après la ménopause, passage au statut d'aînée.

RITE DU PSYCHOPOMPE : rituel de mort.

37. LE CERCLE

LIMITES

Trace un cercle autour de toi avec le doigt
pour chasser les gens irrespectueux.

CONSEIL DE SORCIÈRE

Avis à tous les vampires psychiques et à ceux qui outrepassent les limites : disparaissez ! Une sorcière connectée à son pouvoir ne culpabilise jamais à l'idée de défendre son pré carré, car elle sait qu'il faut se respecter soi-même avant de respecter les autres. C'est la voie de la déesse qui exige naturellement à la fois des limites et du respect. Nous, les sorcières ancestrales, nous vous incitons à renoncer aux drames inutiles et à fuir ceux qui vous piétinent. En vous opposant fermement aux personnes qui vous envahissent et qui empiètent sur votre espace sacré, vous retrouverez votre force et votre pouvoir de sorcière.

Peu importe si les autres refusent votre décision, c'est leur problème, pas le vôtre. Prenez acte de leurs objections, mais ignorez-les. Chaque fois que vous vous heurtez à une résistance, fuyez rapidement la situation en montrant la porte au coupable de la pointe de votre bottine de sorcière. Si vous n'êtes pas habitué à vous défendre, vous aurez peut-être du mal à poser des limites avec vos proches, mais les bénéfices que vous en tirerez seront bien supérieurs à la gêne, au ressentiment, au stress et à l'anxiété que vous éprouvez lorsqu'on profite de vous ou que vous ne vous sentez pas reconnu.

Comment réagissez-vous quand vous n'obtenez pas ce que vous voulez ? Le manque d'empathie et l'incapacité à respecter le territoire des autres naissent souvent d'une piètre estime de soi ou d'un caractère nombriliste. Savoir imposer des limites, c'est définir ce qui est acceptable ou pas face à quelqu'un qui se moque de nos émotions et de nos valeurs et qui ne respecte ni nos croyances ni nos attentes. Trop, c'est trop ! Il est temps de vous défendre et de savoir qui a le droit ou pas de pénétrer dans votre sanctuaire intérieur, votre cercle magique.

Lorsque vous pratiquez votre magie, vous devez absolument, avant toute chose, faire un travail de délimitation : tracer un cercle et imposer un bouclier ou champ de force. Ces techniques de protection – par exemple imaginer un cercle de lumière autour de vous – éloignent, neutralisent et dévient les énergies négatives. D'un doigt pointé, devenez un douanier coriace et défendez votre cercle magique tout en érigeant à l'intérieur votre propre cône de pouvoir.

Côté lumière : définissez vos limites. Votre pouvoir se développe à mesure que vous érigez des frontières infranchissables. Il est temps d'évincer tous ceux qui freinent votre progression.

Côté ombre : en donnant la priorité aux autres, vous vous sentez dévalorisé ; il est temps de vous affirmer et de fixer des limites. Quelqu'un n'acceptera pas votre décision, mais vous devez cesser de vouloir plaire à tout le monde, il est temps de penser à vous. Cela n'a rien d'égoïste, c'est une façon de se préserver.

Incantation au cercle

Défenseur des frontières, un cercle de sel,
Entoure-moi et protège-moi de toute défaillance.
Debout dans le cercle maintenant tracé,
Les travaux magiques et les rituels triomphent.
La magie du cercle est utilisée sans nuire à personne.
Ainsi soit fait ; voilà, c'est fait.

Sorcellerie

Il est vital de tracer un cercle de protection avant tout rituel magique afin de se protéger des énergies indésirables, des attaques psychiques, des pensées toxiques et des entités ou des esprits. Le cercle crée une frontière infranchissable entre votre espace sacré et le monde qui l'entoure. Pour le tracer, pointez une baguette ou l'index de votre main dominante vers le sol et dessinez un grand cercle dans lequel vous pourrez exécuter vos travaux magiques et vos rituels. Vous pouvez aussi répandre du sel à l'intérieur pour blinder votre travail magique et consolider les frontières. Le sel est un outil de protection millénaire que les sorcières affectionnent particulièrement, car il absorbe les énergies psychiques.

38. Les Charmes

ENVOÛTEMENT

Il est temps de rompre le charme en sortant
de ton sommeil enchanté.

Conseil de sorcière

Pour arriver à leurs fins, les sorcières font usage de magnétisme, arme puissante et magique, mais aussi de ruse féminine pour séduire et manipuler, de leurres et de charmes afin d'influencer et de contrôler leurs ennemis ou les personnes qu'elles désirent. Elles savent, même à distance, d'un mouvement impérieux du doigt, récompenser, punir ou maîtriser un individu au moyen d'une bénédiction, d'une malédiction ou d'un mirage. Toutefois, ne vous laissez pas prendre au piège de l'illusion, car les apparences peuvent être trompeuses. Lorsqu'on fait appel aux charmes et aux envoûtements, la réalité n'est pas toujours celle que l'on croit. On ne voit généralement que ce que l'on veut bien voir et, parfois, la vérité nous échappe ; méfiez-vous des enchantements. Lorsqu'on donne une amulette à une personne sans méfiance, on peut aisément manipuler son comportement et ses sentiments, alors faites attention à votre impulsivité et à celle des autres.

Lorsque vous voulez faire appel à la magie, formulez clairement votre intention. Récitez des incantations ou quelques rimes pour accompagner votre travail, fabriquez un talisman dans un sort de liaison pour éloigner les énergies négatives, pour libérer, bannir, susciter l'amour chez quelqu'un et exaucer vos désirs. Depuis des siècles, les moldus rêvent de s'emparer des secrets des sorcières et de leur pouvoir transformationnel, alors laissez-nous vous ouvrir les yeux avec un vieil onguent aux effets ensorcelants, capable d'ôter tous les masques et qui vous permettra d'accéder aux royaumes magiques.

Côté lumière : votre charme personnel et votre pouvoir intérieur sont magnétiques actuellement. Projetez-les dans vos amulettes pour lancer des sortilèges efficaces et magiques. Une rencontre enchanteresse vous laissera tous deux captivés ; préparez-vous à éblouir !

Côté ombre : vous étiez sous le charme d'une personne qui influence votre attitude et votre comportement. Il est temps de rompre cette illusion et de refuser cette manipulation.

INCANTATION AUX CHARMES

Manipulation, bénédiction, malédiction,
Ruse et séduction.
Sortilèges envoûtants qui opèrent un charme,
Mots enchanteurs pour guérir ou blesser.
La magie du charme est utilisée sans nuire à personne.
Ainsi soit fait ; voilà c'est fait.

SORCELLERIE

Les amulettes ou charmes sont porteurs d'énergie et on peut les utiliser pour lancer des sorts ou les placer dans des objets pour obtenir un effet magique. Pour les recharger en énergie et mieux les connecter à votre intention, suivez ce rituel :

- Visualisez une boule de lumière aux couleurs incandescentes dans vos mains. Vous pouvez imaginer une lumière rose si votre amulette est consacrée à l'amour ou verte si vous voulez provoquer la jalousie chez quelqu'un.

- Visualisez l'énergie enfler dans vos mains jusqu'à ce que vous la sentiez physiquement.
- Concentrez-vous sur vos intentions, à travers une incantation si vous le voulez.
- Imaginez que votre charme absorbe la lumière jusqu'à le voir rayonner et vibrer de votre intention magique.
- Rechargez régulièrement vos amulettes avec des invocations et des intentions magiques.

39. LA CHASSE AUX SORCIÈRES

PERSÉCUTION

Reste fort : jamais plus tu ne seras brûlé,
noyé ou lapidé pour tes croyances.

CONSEIL DE SORCIÈRE

En tant que sorcière, vous avez sans doute l'expérience des dénonciations, des persécutions et des calomnies. Les personnes qui continuent de porter des accusations gratuites contre les adeptes de la magie sont en réalité des chasseurs de sorcières ; ils n'ont plus leur place dans notre monde. Il est temps de prendre officiellement position et de défendre toutes les sorcières courageuses que l'on a pourchassées en Occident pour leurs croyances, leur pouvoir et leur magie. Soyez fier de ce que vous êtes et sortez sans crainte de votre placard à balais, coiffé de votre chapeau pointu, car vous êtes né avec un don hérité de vos ancêtres, tous ces anciens qui ont traversé d'innombrables épreuves parce qu'ils avaient décidé de se consacrer à la magie, malgré l'incompréhension des autres. Ne laissez pas les préjugés brider vos pouvoirs et ne vous excusez pas de suivre les traditions ancestrales.

Lorsqu'on vous accuse de pactiser avec le diable et qu'on se moque de vos croyances, sans doute avez-vous l'impression d'être victime d'une cabale à l'image de ces pauvres sorcières innocentes d'antan, injustement condamnées lors de procès inéquitables. Si vous pensez que les chasseurs de sorcières appartiennent au passé, détrompez-vous : combien de fois vous a-t-on méprisé et traité d'excentrique ? Quand on est différent et que l'on possède un don, on attire la jalousie et on est considéré comme une menace, même sans le vouloir. Il est temps de changer d'époque et de vous protéger contre l'intimidation, la convoitise, la peur et la discrimination. En revendiquant votre statut de sorcière du culte et en refusant les provocations, vous guérirez les persécutions d'autrefois. À mesure que ces accusations du passé se déchaîneront, une force intérieure vous appelant à tenir bon, à dire la vérité et à vous présenter comme une adepte des traditions ancestrales surgira en vous.

Côté lumière : parce que vous êtes talentueux, doué et différent, vous prenez le risque de subir des moqueries, des railleries et du rejet. C'est une réaction de peur assez classique, alors laissez éclater votre vérité, restez ferme et réappropriez-vous votre pouvoir personnel.

Côté ombre : le sentiment de rejet que vous avez vécu dans le passé a détruit votre estime personnelle. Il est temps de retrouver le pouvoir que les autres vous ont enlevé, avec des mots ou des gestes blessants. Libérez votre besoin d'appartenance et revendiquez votre identité.

Incantation à la chasse aux sorcières

Verges et pierres, ossements d'ancêtre,
Accusés, isolés, si seuls.
Doigt pointé, ami ou ennemi ?
Sois fort, sois fier de tout ce que tu sais.
La magie de la chasse aux sorcières est utilisée sans nuire à personne.
Ainsi soit fait ; voilà, c'est fait.

SORCELLERIE

Les procès en sorcellerie se sont répandus en Europe à partir des années 1590, avant d'atteindre le Nouveau Monde. Un grand nombre d'innocents – femmes, hommes et même des chats – ont été accusés de pratiquer le *maleficium*, ou magie noire. Ces procès étaient iniques, comme l'était par exemple la pratique du « *ducking stool* » : si la sorcière se noyait, cela signifiait qu'elle était innocente ; et si elle flottait, c'était la preuve qu'elle était une sorcière et elle était condamnée à mort. Les méthodes d'exécution allaient de la pendaison à la noyade, en passant par la strangulation, la décapitation et le bûcher. Que la déesse bénisse tous ces êtres torturés et tués pour leur amour des traditions ancestrales.

40. Les sorcières du culte

Compétence

Artisan du culte : tu empruntes les anciennes voies et tu honores toutes les traditions.

Conseil de sorcière

Quelle sorcière êtes-vous ? C'est amusant d'essayer de savoir à quelle catégorie de sorcières vous appartenez, car il en existe de toutes sortes dans l'univers de la sorcellerie. Néanmoins, ne perdez pas trop de temps à chercher quelle voie emprunter au sein du culte. La compétence vient à celles qui savent attendre et étudier. Elle veillera à ce que chacune de vous trouve chaussure à son pied. Imaginez une confiserie dans laquelle vous pourriez prendre sans restriction tous les bonbons que vous aimez et les mélanger dans un grand chaudron : voilà à quoi ressemble une quête d'identité au sein du culte. Vous pouvez emprunter une voie, puis une autre, jusqu'à ce que vous rencontriez les différentes écoles qui font battre votre cœur, puis que vous les réunissiez en un système de croyances et de pratiques qui vous correspondent. L'essentiel est que vous trouviez votre chemin personnel, celui qui vous enrichit, qui façonne vos désirs et exalte votre âme.

Il existe, au sein de la sorcellerie, un grand nombre d'héritages et de traditions capables de satisfaire vos attentes spirituelles et vos croyances, alors faites confiance à votre intuition, car elle saura vous guider vers la voie qui vous convient et vous prévenir si vous vous égarez. Lorsqu'un type de sorcellerie résonnera profondément en vous et vous donnera envie de plonger plus avant dans le monde ésotérique des initiés, vous comprendrez que vous êtes arrivé à bon port. L'éveil surviendra un soir au clair de lune, face à l'océan ou lors d'une promenade en pleine nature. Vous serez ensorcelé par ce nouvel univers et vous vous réaliserez en tant que sorcière. Quelle que soit la tradition qui vous passionne, elle correspondra à vos véritables centres d'intérêt.

Que vous deveniez une sorcière verte, une sorcière des mers, des haies ou même une sorcière éclectique, vous finirez par maîtriser l'art que vous avez choisi, grâce à la pratique et à la détermination. Assumez votre pouvoir et revendiquez vos droits de sorcière tout en pratiquant une magie efficace, fondée sur vos connaissances et votre expérience. Il est temps de vous appartenir !

Côté lumière : vous êtes venu au monde avec de grandes capacités, alors perfectionnez vos dons pour atteindre l'excellence. Croyez en votre victoire et surmontez les obstacles. Vous y arriverez ! Vos passions et vos centres d'intérêt donnent un but à votre existence et vous montrent la voie.

Côté ombre : la désinvolture ne servira pas vos objectifs : la perfection ne s'atteint pas d'un coup de baguette magique. Seule la pratique vous permettra de perfectionner vos compétences. Ne vous attendez pas à devenir le meilleur dans votre domaine sans efforts.

INCANTATION AUX SORCIÈRES DU CULTE

Trouve ton chemin, il est temps d'être sage.
Pratique, pratique ; réclame la récompense !
Ne gâche pas le don que tu as reçu à ta naissance.
Tu es sur Terre pour briller.
La magie des sorcières du culte est utilisée sans nuire à personne.
Ainsi soit fait ; voilà, c'est fait.

SORCELLERIE

Quelle sorcière êtes-vous ? Il y a beaucoup de voies à emprunter et, même si cette liste n'est pas exhaustive, elle devrait pouvoir vous aider à trouver votre identité de sorcière :

LA SORCIÈRE DES HAIES : se concentre sur le monde spirituel ; douée pour franchir les frontières entre les différents mondes ; voyage astral et projection, rêve éveillé, royaume de l'esprit.

LA SORCIÈRE CULINAIRE : travaille avec des herbes et des épices, crée des potions et des breuvages, cuit et cuisine, incorpore sa magie dans ses recettes ; herboriste de talent, cultive un potager et un jardin aromatique.

LA SORCIÈRE VERTE : magie fondée sur la nature ; travaille avec les plantes, les fleurs et les cristaux, les pierres et les fées ; magie naturelle et élémentaire ; herboriste de talent, naturaliste et guérisseuse.

LA SORCIÈRE DES ASTRES : intègre l'astrologie dans sa magie ; s'aligne aux planètes et aux cycles lunaires pour ses sorts et ses rituels.

LA SORCIÈRE DES MERS : utilise la magie de l'océan, tire son énergie de la mer, des mythes de la lune et des marées, elle travaille avec les outils donnés par la mer pour ses sorts et la guérison, bois flottés, algues et coquillages.

LA SORCIÈRE SOLITAIRE : travaille sa magie seule sans participer à un coven.

LA SORCIÈRE DES TRADITIONS : adopte une approche historique, elle s'inspire des anciennes légendes de sorcellerie pour ses sorts et ses rituels.

LA SORCIÈRE HÉRÉDITAIRE : utilise le savoir, les traditions et les croyances qui se transmettent de génération en génération.

LA SORCIÈRE ÉCLECTIQUE : s'appuie sur différentes traditions.

41. LE DIEU CORNU

VIRILITÉ

Nourris-moi et ensemence-moi, Seigneur de la terre,
avec tes plaisirs débridés qui brûlent au fond de moi.

CONSEIL DE SORCIÈRE

Votre amour de la nature et votre désir de faire entrer un homme dans votre vie ont convoqué, à votre insu, le dieu cornu de la virilité, de la puissance animale et de la sexualité masculine qui vous manque. Son souffle dans votre cou vous fera frissonner de la tête aux pieds, et votre cœur s'emballera à l'idée de vous unir à la bestialité du seigneur de la forêt. Il connaît vos pensées sacrées les plus intimes, vos désirs sexuels inavoués, car ils suintent de toutes les fibres de votre corps, éveillent et libèrent en vous une extase orgasmique.

Nous, les sorcières de l'Oracle, nous connaissons intimement sa force ancestrale et primitive, car il est le doyen des Anciens Lumineux et le premier né de la déesse. C'est le seigneur de la forêt, l'essence originelle et primitive de la masculinité et le gardien et protecteur de la Terre, de la nature et de l'esprit. Il vous conduira au cœur des bois pour vous aider à découvrir votre magnétisme animal et votre toute-puissance unique et personnelle. Cornu et lubrique, il vous révélera vos désirs les plus intimes, les fantasmes et les obsessions que vous n'osez pas révéler par peur du ridicule et du rejet. N'ayez pas peur, il ne modifiera pas votre orientation sexuelle, car il accueille toutes celles et tous ceux qui le sollicitent quelles que soient leurs préférences, et il vous encourage à explorer l'identité profonde que vous dissimulez.

Malgré sa façon d'aimer toujours imprévisible et sauvage, le dieu cornu reste viril même lorsqu'il révèle sa sensibilité aux autres ; il n'hésite jamais à faire preuve de courage, de détermination et d'héroïsme. Que vous soyez une sorcière ou un sorcier, il vous aidera à accéder, sans crainte de représailles, à votre part masculine. Sa corne d'abondance vous soutiendra face à l'inauthenticité des autres et vous permettra ainsi de libérer le mystère, la magie et la puissance de votre nature sauvage en matière de masculin sacré. Vous êtes sous la protection du dieu cornu ; il traverse avec vous toutes les forêts sombres pour vous révéler la lumière qui brille de l'autre côté.

Côté lumière : un événement vous oblige à faire preuve de volonté et de fermeté. Une approche en douceur ne suffira pas. Vous allez vivre une période féconde et les symboles phalliques laissent présager une union sexuelle. C'est le moment de vous montrer libre, sauvage et de vous dévergonder.

Côté ombre : des préjugés ou des malentendus liés à votre orientation sexuelle nécessitent une discussion franche et courageuse.

N'ayez jamais honte de ce que vous êtes ; acceptez vos pulsions et trouvez un équilibre. Vos mœurs légères vous donnent mauvaise réputation.

INCANTATION AU DIEU CORNU

Prends ton courage à deux mains, sois fort et passe à l'acte,
Sème profondément sa graine virile,
Union sacrée, rite sexuel,
Lubrifie, car ce soir, c'est le grand soir !
La magie du dieu cornu est utilisée sans nuire à personne.
Ainsi soit fait ; voilà, c'est fait.

Sorcellerie

Le dieu cornu est l'époux de la triple déesse et il représente la partie masculine du système théologique duothéistique de la religion wiccane. Il est le protecteur de la forêt et il est associé aux espaces sauvages, à la sexualité indomptable de la nature, de la chasse. Il est le gardien des animaux sauvages et le seigneur de la virilité, et c'est à lui et à sa danse de magie sympathique qu'on faisait appel, au cours des siècles passés, pour peupler la forêt de gibier. À la fois anonyme et porteur de différents noms, le dieu cornu erre librement dans les bois sauvages et c'est sa voix que l'on entend dans le bruissement des feuilles. Il peut prendre les traits de :

Pan (grec) : malicieux, barbu, doté de petites cornes et de pattes de bouc, Pan joue de son pipeau pour entraîner satyres et nymphes dans la danse et dans une frénésie de prouesses sexuelles.

Cernunnos (celtique) : mature, barbu, le front orné de bois de cerf, il est souvent représenté assis, jambes croisées, dans une position méditative. Il tient un sac rempli de pièces de monnaie et porte le torque, le bijou emblématique gaulois qui suggère la noblesse de la nature indomptable.

Le dieu cornu est aussi l'égérie du diable dans la religion chrétienne.

42. Les outils rituels

Amplification

Les forces de la nature attendent ton souffle magique né du bois vivant et du métal forgé dans les feux d'antan.

Conseil de sorcière

Nous, les sorcières ancestrales, nous maîtrisons la magie de l'ancien temps et nous savons mobiliser sa puissance, que nous percevons comme une réalité amplifiée de tous les artéfacts magiques que nous utilisons. L'intention, qui est le carburant caché de notre art, peut être démultipliée grâce à nos outils de travail. Actuellement, votre magie est à son apogée ! Si vous prenez le temps de vous connecter à vos instruments magiques, vous devriez sentir l'énergie vitale circuler dans votre corps, et cette énergie augmentera votre taux vibratoire. Ainsi, une fois que vous serez aligné aux fréquences de l'Univers, la sorcière qui est en vous s'unira à la source de pouvoir des veilleurs.

Vous devez désormais booster votre motivation et vous procurer les outils indispensables à toute magicienne qui se respecte. Étudiez la nature profonde des instruments qui deviendront les piliers de vos travaux ésotériques. La sorcellerie fait appel à de nombreux accessoires et tous possèdent une signification puissante et complexe. Si vous voulez devenir maître dans l'art de l'occultisme, faites en sorte de les comprendre et d'apprendre à les utiliser et à vous connecter à eux.

Si vous savez exploiter l'énergie vitale de vos outils, les imprégner à la fois d'une intention, d'un objectif et de votre volonté divine, vous développerez un savoir-faire et une virtuosité sans pareils. En cette heure où vous vous apprêtez à amplifier la puissance de vos outils en les consacrant et en les chargeant d'énergie, voyez comme la magie circule en vous. Vous êtes à l'aube d'un grand chef-d'œuvre. Rassemblez vos instruments et n'oubliez pas vos huiles d'onction, votre encens et vos cristaux, et tous les objets dont vous aurez besoin pour la suite de votre voyage.

Côté lumière : choisissez vos outils avec discernement et utilisez-les intelligemment, car ils sont une extension de votre volonté et de votre détermination dans votre connexion au pouvoir cosmique. Vos travaux magiques seront bientôt amplifiés.

Côté ombre : vous devez croire en vos outils rituels, car ils sont porteurs d'énergie et forment un lien entre le visible et l'invisible. Il est temps de nouer une relation avec eux ; vous aurez besoin d'une intention claire et de toute votre concentration pour magnétiser vos outils et votre magie.

INCANTATION AUX OUTILS RITUELS

Pour une magie puissante, suis les règles,
L'intention et la concentration alimentent les outils des sorcières.
Utilise des bâtons, des athamés, de l'encens, de l'huile sacrée
Pour les potions, pour les sorts, pour bannir et déjouer.
La magie des outils rituels est utilisée sans nuire à personne.
Ainsi soit fait ; voilà, c'est fait.

SORCELLERIE

Beaucoup d'outils utilisés par les sorcières symbolisent les quatre éléments fondamentaux. Ainsi, ils font appel, en les amplifiant, aux pouvoirs magiques de la nature :

PENTAGRAMME, TERRE : étoile à cinq branches, symbole de protection, d'énergie et de bénédiction.

BAGUETTE, FEU : bâton sculpté en bois naturel ou en cristal pour manipuler l'énergie.

ATHAMÉ, AIR : dague rituelle pour tracer un cercle magique, maîtriser les énergies pour commander les forces.

CALICE, EAU : représente le ventre de la déesse et l'abondance. Rempli de vin ou d'eau lors des rituels.

CHAUDRON, LES QUATRE ÉLÉMENTS : marmite en fonte pour concocter des breuvages, des potions, des sorts et aider à la divination.

SERPE : couteau incurvé en forme de croissant de lune utilisé pour couper des herbes, graver des bougies et couper des cordes rituelles.

LIVRE DES OMBRES : journal intime et arme personnelle de la sorcière pour répertorier les sorts, les recettes à base de plantes et les secrets magiques.

BALAI : outil traditionnel des sorcières pour libérer les énergies, créer des frontières et pour le rituel des mains liées.

43. LES VÊTEMENTS MAGIQUES

ÉMANCIPATION

Transmets tes intentions magiques
à ta garde-robe et absorbe le pouvoir.

CONSEIL DE SORCIÈRE

Que diriez-vous si vous étiez capable d'exercer un contrôle total sur votre magie et de donner libre cours à votre talent de sorcière rien qu'en enfilant une robe fabuleuse ? Lorsque le doute vous habite au point de vous empêcher d'atteindre votre véritable potentiel, ouvrez la porte de votre garde-robe et choisissez une tenue spéciale ou une robe somptueuse qui vous donnera l'impression d'être hyperpuissante. Si vous avez envie de suivre les traditions, il y a bien sûr les chapeaux pointus, les capes, les longues robes noires et les bottines à boucles, mais ça, c'était la mode d'antan ; vous avez peut-être envie de vous créer un look de sorcière différent et original afin de doper votre confiance en vous et de dynamiser votre magie. Les vêtements que l'on porte expriment notre personnalité et l'image qu'on veut donner, alors si la tenue que vous avez choisie vous apporte un sentiment de puissance, vous améliorerez votre pratique magique.

Si vous faites partie des sorcières naturelles, vous préférerez sans doute vous habiller en noir au quotidien, cela boostera votre confiance en vous et masquera votre insécurité. Lorsqu'on a perdu son identité et qu'on veut retrouver son assurance, rien de tel que d'adopter un style vestimentaire qui exprime et reflète notre véritable personnalité. Porter des vêtements et des accessoires magiques donne de la force et améliore nettement la pratique rituelle. N'oubliez pas de consacrer vos bijoux et de mettre des bagues magiques, des bracelets, des pendentifs et des boucles d'oreilles chaque fois que vous avez besoin de booster votre énergie. Peu importe la tenue que vous adoptez, l'habillement doit toujours être un rituel et répondre à un choix conscient. Car, c'est aussi une forme de magie, en particulier si vos vêtements reflètent la sorcière rayonnante et émancipée qui sommeille en vous.

Côté lumière : il est temps de passer à la vitesse supérieure et de vous habiller de façon adéquate. En guidant les autres sur la voie de l'émancipation, les symboles sacrés tissés dans vos vêtements deviendront votre arme secrète.

Côté ombre : se considérer toujours avec un œil critique est décourageant. C'est signe d'un manque de confiance en soi. Il est temps que vous portiez des vêtements pleinement alignés à votre potentiel de grande prêtresse afin d'acquérir une totale indépendance.

Incantation aux vêtements magiques

Chapeau pointu noir, longue cape sombre,
Une mode fantaisiste pour le peuple magique.
Habille chaque sort d'une intention puissante,
Renforce ton style avec des bijoux et du parfum magiques.
La magie des vêtements est utilisée sans nuire à personne.
Ainsi soit fait ; voilà, c'est fait.

SORCELLERIE

Si l'on veut s'habiller comme une sorcière, il est important de tenir compte des couleurs. En effet, chacune d'elles contient une vibration unique qui aide à libérer son pouvoir :

BLANC : pour la pureté et la transformation

NOIR : repousse les ondes négatives, apporte la protection et l'équilibre

MARRON : important pour l'ancrage, la résilience et la sécurité

BLEU : à porter pour pratiquer la magie de l'eau et travailler avec le point cardinal, le ponant

VERT : confère un pouvoir de fée et la chance ; à porter pour pratiquer la magie naturelle et les rites de fertilité

VIOLET : augmente l'intuition, la conscience psychique et la spiritualité

JAUNE : associé à la communication, à la créativité et à la magie solaire

ORANGE : à porter pour la vitalité. C'est la couleur de la créativité et de l'inspiration

ROSE : promeut le sentiment, l'amour de soi et la beauté

DORÉ : améliore la confiance en soi, la santé et l'émancipation

ARGENT : pour entrer en connexion avec la magie lunaire et les visions mystiques

44. LES SITES SACRÉS

INTENSIFICATION

Les gardiens attendent ta présence pour aider à ta métamorphose et à ton épanouissement personnels.

CONSEIL DE SORCIÈRE

Le mystère et le magnétisme des sites sacrés disséminés à travers le monde vous appellent à vous connecter à l'énergie des pierres sur lesquelles ils reposent. Ces lieux anciens sont tous situés à des croisements énergétiques terrestres et c'est pour cette raison qu'ils affectent le taux vibratoire physique, émotionnel et spirituel de ceux qui s'y rendent. Les anciens avaient pleinement conscience du pouvoir de la terre et de ses effets, tout comme les milliers de païens, de druides et autres chercheurs spirituels qui aiment se rassembler dans ces lieux telluriques, à l'image du site mégalithique de Stonehenge. Les lourdes pierres dressées de ce sanctuaire préhistorique abritent dans leur code génétique la sagesse des sorcières car, depuis des millénaires, telles des enseignantes silencieuses et avisées, elles ont vu défiler tous les événements séculaires et elles détiennent les clefs de votre passé.

En vous rendant sur les terres ancestrales, vous fortifierez votre sorcellerie qui doit reposer sur de solides fondations. Débarrassez-vous de toutes les énergies résiduelles avant de charger vos artéfacts et vos outils magiques en les étalant sur la terre fraîche ou sur un sol sacré. Cette carte vous invite à utiliser le pouvoir de la terre, à sentir son énergie galvanisante s'intensifier, vous traverser de part en part, aviver et stimuler vos sens. Lorsque son courant tellurique circulera en vous, vous canaliserez votre puissance et votre magie s'éveillera, libérant votre pouvoir personnel.

Côté lumière : un lien avec un site ancien révélera une part de votre véritable Moi. Ressentez l'appel des anciens et réalisez le voyage qu'ils ont fait autrefois. Il est temps de prendre votre destinée en main.

Côté ombre : vous vous identifiez à un site sacré qui renferme des énergies de guérison particulières. Elles vous seraient très bénéfiques en ce moment et elles vous aideraient à trouver un équilibre et à vous libérer des blessures passées. Il est temps de recharger votre force vitale.

INCANTATION AUX SITES SACRÉS

Sens l'attraction de la vieille terre sacrée,
Dessine là où se dressent les pierres anciennes.
L'énergie est puissante, je sens le flux,
Chargé maintenant de magie, je suis prêt à partir !
La magie des sites sacrés est utilisée sans nuire à personne.
Ainsi soit fait ; voilà, c'est fait.

SORCELLERIE

Chaque site sacré possède sa propre énergie de guérison et, quel que soit celui qui vous attire, il vous aidera à recharger votre magie de sorcière. Si vous n'avez pas la possibilité de visiter physiquement l'un de ces lieux, vous pouvez vous connecter à son énergie cosmo-tellurique par la méditation, la projection astrale et au cours de vos rêves.

À PROPOS DES AUTEURES

Les grandes prêtresses Flavia Kate et Barbara, appelées aussi les Sorcières Célèbres, ont écrit plus de dix jeux et livres oracles. Elles enseignent la magie naturelle et ancestrale et initient les autres aux rites de passage des écoles de sagesse. Elles travaillent en équipe dans le monde entier pour éveiller les gens à la magie des anciennes traditions et donnent régulièrement des conférences au Witchfest International. Elles animent aussi des conférences au MindBodySpirit Festival et sur des circuits touristiques païens. Elles sont considérées comme les femmes sages les plus populaires du Royaume-Uni.

Flavia Kate Peters est connue sous le nom de « Voyante des fées ». C'est une sorcière héréditaire et une grande prêtresse de la déesse Arnemetia et de Morrigan. Reconnue comme la première experte de la magie des éléments du Royaume-Uni, elle enseigne la magie ancestrale et naturelle. Elle forme des étudiants au Collège d'études psychiques de Londres et anime régulièrement des ateliers au MindBodySpirit Festival et des circuits touristiques païens.

En plus d'être une auteure à succès, Flavia est aussi médium et voyante. Elle participe régulièrement aux émissions de télévision *Celebrity Haunted Hotel* et *Lightworker's Guide to the Galaxy*, et aux programmes radiophoniques de la BBC. Elle écrit pour les magazines *Spirit* et *Destiny* et tient une chronique dans *Fae Magazine* et *Witchcraft & Wicca*. Son authenticité et sa sincérité font d'elle l'une des gardiennes de la sagesse les plus recherchées, et sa mission est de faire vivre la magie des anciennes traditions !

Instagram : flavia_kate_peters | **flaviakatepeters.com**

Barbara Meiklejohn-Free est connue sous le nom de « Voyante des Highlands » et elle est grande prêtresse d'Isis et de Cailleach. C'est une sorcière héréditaire, éclectique et solitaire, initiée à l'art de la sorcellerie à l'âge de 16 ans. Auteure bien connue, lauréate de plusieurs prix, enseignante, avocate, elle défend les grandes traditions en lien avec la terre. Elle a également enseigné la voyance, la transe-médiumnité et le chamanisme au Arthur Findlay College, à Edimbourg, et au Collège d'études psychiques de Londres.

Barbara organise des rites, des rituels et des cérémonies partout dans le monde et elle est considérée comme la gardienne préférée des traditions ancestrales du Royaume-Uni.

Instagram : barbarameiklejohnfree | **spirit-visions.com**

À PROPOS DE L'ILLUSTRATRICE

Mira Nurdianti anime Melancholy Memento et elle puise son inspiration dans la féminité, la mélancolie, la mythologie et la sorcellerie. Ses illustrations constituent un journal intime dans lequel elle partage ses pensées, sa conception de la vie et du féminisme. Elle cherche, par ses illustrations, à se connecter aux autres et à les aider à faire surgir leur force intérieure, tel un talisman.

Elle travaille principalement à l'aquarelle et aux feutres. Toutes les illustrations sont des originaux (sauf mention contraire). Elle ne planifie jamais le résultat final, préférant se laisser guider par son subconscient.

melancholymemento.com.au